墨香财经学术文库
“十二五”辽宁省重点图书出版规划项目

财政性科研投入效率研究
以湖北省为例

Research on the Efficiency of Financial Research Investment
Taking Hubei Province as an Example

黄万华 著

东北财经大学出版社 大连
Dongbei University of Finance & Economics Press

图书在版编目（CIP）数据

财政性科研投入效率研究：以湖北省为例 / 黄万华著．—大连：东北财经大学出版社，2023.12
（墨香财经学术文库）
ISBN 978-7-5654-5025-9

Ⅰ.财… Ⅱ.黄… Ⅲ.科学研究-投入产出分析-湖北 Ⅳ.F124.3

中国国家版本馆CIP数据核字（2023）第221900号

东北财经大学出版社出版发行
大连市黑石礁尖山街217号 邮政编码 116025
网 址：http://www.dufep.cn
读者信箱：dufep @ dufe.edu.cn
大连永盛印业有限公司印刷

幅面尺寸：170mm×240mm 字数：201千字 印张：18.5 插页：1
2023年12月第1版 2023年12月第1次印刷
责任编辑：李 彬 孟 鑫 责任校对：刘贤恩
封面设计：原 皓 版式设计：原 皓
定价：92.00元

教学支持 售后服务 联系电话：（0411）84710309

如有印装质量问题，请联系营销部：（0411）84710711

墨香财经学术文库
“十二五”辽宁省重点图书出版规划项目

财政性科研投入效率研究
以湖北省为例

Research on the Efficiency of Financial Research Investment
Taking Hubei Province as an Example

黄万华 著

东北财经大学出版社 Dongbei University of Finance & Economics Press 大连

图书在版编目（CIP）数据

财政性科研投入效率研究：以湖北省为例 / 黄万华著. —大连：东北财经大学出版社，2023.12

（墨香财经学术文库）

ISBN 978-7-5654-5025-9

Ⅰ. 财… Ⅱ. 黄… Ⅲ. 科学研究-投入产出分析-湖北 Ⅳ. F124.3

中国国家版本馆CIP数据核字（2023）第221900号

东北财经大学出版社出版发行

大连市黑石礁尖山街217号 邮政编码 116025

网 址：http://www.dufep.cn

读者信箱：dufep @ dufe.edu.cn

大连永盛印业有限公司印刷

幅面尺寸：170mm×240mm 字数：201千字 印张：18.5 插页：1

2023年12月第1版 2023年12月第1次印刷

责任编辑：李 彬 孟 鑫 责任校对：刘贤恩

封面设计：原 皓 版式设计：原 皓

定价：92.00元

教学支持 售后服务 联系电话：（0411）84710309

前言

习近平总书记在党的十九大报告中强调，要加快建立现代化的财政制度，建立全面规范透明、标准科学、约束有力的预算制度，全面实施绩效管理。党的二十大报告作出了“加快建设科技强国，实现高水平科技自立自强”的战略部署，并提出了“提升科技投入效能，深化财政科技经费分配使用机制改革，激发创新活力”的要求。科教兴国战略、人才强国战略、创新驱动发展战略是我国必须长期坚持的国家战略，也是事关现代化建设高质量发展的关键问题。持续、稳定的财政投入，是落实科教兴国战略、人才强国战略、创新驱动发展战略的物质保障和动力源泉。习近平总书记多次强调，应筑牢我国科技之基，抢占科技前沿阵地，加快解决关键领域“卡脖子”技术难题。纵观世界科技发展潮流，近代科技强国的崛起，原创性、颠覆性技术的突破，除了市场力量的推动外，更主要的是得益于政府的高度重视和对基础研究的巨额财政投入。

尽管科技作为促进经济建设和社会发展的重要力量已经引起了我国政府部门的高度重视，得到了政府不断增加的资金投入，但与西方科技强国相比，我国科技总体水平还较为落后，特别是颠覆性、原创性技术较少，一些关键领域“卡脖子”技术难题短期内难以突破。虽然湖北省具有较强的科技潜力，财政科技投入在全国靠前，但从全国来看，湖北省的科技实力长期在中上水平徘徊，颠覆性、原创性、引领产业发展的技术几乎没有。为此，近些年来，湖北省不断优化财政投入体制机制，积极实施创新驱动战略，加大财政科技投入力度。

“无绩效无预算”，财政预算体制现代化是国家治理体系现代化的重要内容。随着财政预算管理体制的日益完善，财政科技资金绩效评价越来越受到政府部门与学界的高度关注。湖北省作为全国的教育大省、科技大省，每年投入了巨额的财政资金用于支持本省科技事业的发展，其绩效如何，是否或多大程度上发挥了引导作用，是否达到了预期的政策目标，财政投入结构是否合理等，目前并不明确。科学评估财政性科研投入效率，从财政投入方面找到湖北省科技发展的短板，构建持续、稳定的科研财政支持机制，从物质上助推关键领域“卡脖子”技术难题早日解决，实现湖北省高水平科技自立自强，已刻不容缓。如何科学评估财政性科研投入效率，进一步优化科技支出结构，提升科研效率，挖掘科研潜力，为制定湖北省财政科技投入战略规划提供理论支撑，已成为科技管理部门必须解决的重大现实问题。财政性科研投入效率评价是科技进步、财政管理体制改革的必然要求。因此，开展湖北省财政性科研投入产出效率评价，对推动湖北省科技事业高质量发展具有十分重要的理论意义与实践价值。

本书基于因子分析法筛选出关键评价指标，构建了财政性科研投入效率测度的指标体系，将SBM模型与BP神经网络模型相结合，借助莫兰指数与核密度估计函数分析产出空间绩效演化，明确了财政性科研投入产出效率内涵，拓展了财政性科研投入效率评价的研究方法与研究内容。本书为进一步完善湖北省科技计划体系，加强科技计划项目监督管理，提高湖北省科技计划的管理水平，推动湖北省科学事业高质量发展提供决策参考；为提高湖北省财政资金使用效率和科学研究效率，确保财政资金使用效果，发挥湖北省科学研究在经济社会发展中的基础性支撑作用，提供了决策依据。

作　者

2023年10月

目录

第1章　绪论

1.1　研究背景及研究意义

1.1.1　研究背景

党的二十大报告提出了“加快建设科技强国，实现高水平科技自立自强”的战略目标。科教兴国战略、人才强国战略、创新驱动发展战略是我国需要长期坚持的国家重大战略，也是事关现代化建设高质量发展的关键问题。持续、稳定的财政投入，是落实科教兴国战略、人才强国战略、创新驱动发展战略的物质保障和动力源泉。习近平总书记多次强调，应筑牢科技强国基石，积极抢占科技竞争和未来发展制高点，加快解决关键领域“卡脖子”技术难题。纵观世界科技发展潮流，近代科技强国的崛起，颠覆性、原创性技术的突破，除了市场力量的推动外，更主要的是得益于政府的高度重视和对基础研究的巨额财政投入。

近十年来，国内多个科技强省在科学研究，特别是基础研究方面的财政投入，形成了与地区生产总值、财政支出等增长幅度一致的稳定经费增长机制，无论是绝对规模上，还是相对规模上，都远远超过了湖北省。湖北省是科教大省，但是近十年财政科技投入不足，没有形成与科技人才规模相匹配的稳定经费增长机制，财政性科研支出结构不合理，产出规模效益低，原创性、颠覆性技术比较欠缺，导致湖北省科技和人才优势没有充分发挥出来。

近些年来，我国多个省市已经开展了科研项目绩效评估，并制定了十年财政科技投入战略规划。

湖北省作为全国的教育大省和科技大省，每年投入了巨额的财政资金用于支持本省科技事业的发展，但财政性科研投入绩效如何，是否达到了预期的政策目标，财政投入结构是否合理等，目前并不明确。

从财政投入方面找到湖北省科技发展的短板，构建持续、稳定的科研财政支持机制，从物质上助推关键领域“卡脖子”技术难题早日解决，实现湖北省高水平科技自立自强，已刻不容缓。因此，如何科学评估财政性科研投入效率，进一步优化科技支出结构，提升科研效率，挖掘科研潜力，为制定湖北省财政科技投入战略规划提供理论支撑，已成为科技管理部门必须解决的重大现实问题。

1.1.2 研究意义

本书开展的湖北省财政性科研项目产出绩效评估，对提高湖北省科技管理水平，推动湖北省科技事业高水平发展，充分发挥科学研究在湖北省经济社会发展中的基础性支撑地位，具有十分重要的理论意义与实践意义。

1）理论意义

本书借鉴投入产出有关思想与效率测度相关理论，同时设计财政性科研投入产出效率评价的绝对指标体系和相对指标体系，采用因子分析法确定关键评价指标，利用分布滞后模型判定其滞后期，基于SBM模型与BP神经网络模型对湖北省财政性科研投入产出效率进行评价，分析投入产出绩效空间演化特点与规律，拓展了财政性科研投入效率评价的研究方法与研究内容，为其他学者的后续研究提供了理论基础。

2）实践意义

评价财政性科研投入产出效率，有利于科技管理部门及时发现项目实施过程中存在的问题、总结经验教训，为进一步完善湖北省科技计划体系，加强科技计划项目监督管理，提高湖北省科技计划的管理水平，推动湖北省科学事业高质量发展提供决策参考；为提高湖北省财政资金使用效率和科学研究效率，确保财政资金使用效果，发挥湖北省科学研究在经济社会发展中的基础性支撑作用，提供决策依据。

1.2 研究现状及评价

1.2.1 国外研究动态

1）评价指标的相关研究

国外科技评价起步较早，西方发达国家早在20世纪20年代，便根据本国科技活动的特点，建立起一套完善的、行之有效的评价体系。

美国1993年颁布了《政府绩效与结果法案》（GPRA）。20世纪90年代，日本政府先后颁布了《科学技术基本法》和《国家研究开发评价实施办法大纲指针》。2001年欧盟发布了14项科技评价指标。

效率评价指标体系应遵循经济性、适用性及动态性等若干原则（Drongelen和Cooke，1997），绩效评价应以战略为导向，评价指标体系的构建必须具有简明性、可操作性、代表性（Nixon，1998；Avension，1998），以结果为导向的评价指标体系最为有效（Brignall等，1991），绩效评估应结合管理目标进行（Kaplan和Norton，1996），产出指标应结合专著，投入指标应重视科研人员、科研经费和GDP等（Brignall等，1991；King，2004）。

近些年来，多投入多产出评价指标体系成为科研绩效评估的主要趋势（Aziz和Janor，2013；Park，2017）。

2）评价方法的相关研究

在评价方法方面，西方学者早期提出了很多评价模型：层次分析法（AHP）（Saaty，1980）、模糊综合评判法以及平衡计分卡（Kaplan，1998）等。近些年来，随着计算机技术的推广与应用，西方绩效评价方法取得了理论上的突破。1978年，A. Charnes等首次提出数据包络分析法（DEA）后，随机前沿法（Zoe，2003）、DEA方法开始被应用于科技投入创新绩效评价（Nasierowski，1999；Arcelus，2003；E.C.Wang，2007），三阶段DEA模型可以消除传统DEA环境和随机误差等干扰因素的影响（Fried，2002），前沿数据包络分析（meta-dea-ar）（Belfield，2017）和DEA模型（Duan，2019）成为科研投入效率测度的主要方法。

另外，结构方程模型（Sohn，2007）、网络分析法（Jung，2010）也开始被应用于绩效评估。

1.2.2 国内研究动态

1）评价指标的相关研究

我国的科技评估工作始于20世纪90年代中期，科技部、财政部等相继发布了《科技评估暂行规定》、《科技评估规范》和《科技评估管理暂行办法》等文件。

国内学者普遍认为，不同的科技项目需要分类评价，分配不同的权重。但对于科研项目的具体分类方法与分类标准，起初国内学者尚未达成一致。谢福泉（2008）认为科研项目可分为基础研究、应用研究、试验发展和研发成果转化四类。于明政等（2007）主张将科研项目分为科技攻关、自然科学基金、重点实验室和工程技术研究中心四类。

钟会超（2009）认为科研项目可分为应用研究和试验发展两类，而李宪奇（2011）认为科研项目可分为三类——应用研究、试验发展和成果推广。高宝森（2012）主张将科研项目分为基础研究、应用研究、科技产业化、社会公益性研究和科技条件平台建设五类。其后，国家统计局将科技活动分为六类——基础研究、应用研究、试验发展、R&D成果应用、生产性活动、科技服务。

国内多数学者（于明政等，2007；谢福泉，2005）从立项角度构建评估指标体系，茆英娥等（2006）和何海云（2008）等学者从项目中期和后期建立评估指标体系。评价指标权重的确定方法有集值迭代法、专家评分法（茆英娥等，2006）和层次分析法（谢福泉等，2006）等，田时中等（2016）将层次分析法和熵权组合赋权法相结合确定绩效指标权重。在绩效评价内容上，由传统的效果评价转向效果、效益、效率多维度评价，呈现定性与定量评价相结合的趋势，评价的范围更加广泛，科技计划项目滞后效应越来越受到广泛关注。

2）评估方法的相关研究

20世纪80年代起，我国学者在模糊综合评价方面作了较深入的理论探讨和应用研究（胡笙煌，1996；张斌，1997）。21世纪初，我国在科技计划项目方面也进行了一些评估理论的研究与探讨，包括多层次灰色评价法（梅强等，2006）、层次灰色综合评判模型（王青云等，2004），基于AHP的加权主成分模型（田盈，2008），平衡计分卡（顾晓敏等，2010）。

近几年来，科技计划项目滞后效应的研究开始受到学界的高度关注。因子分析、回归分析（Falk，2012；金怀玉，2013）、分布滞后模型（Hagedoorn，2014；Rebelatto，2016；李璐，2019）、自回归模型（余淑秀，2018；徐勇，2019）等计量方法也开始被广泛应用于科技计划的绩效评价。

科技计划绩效评价呈现出由静态评价转向动态评价的趋势。以产出为导向的松弛变量效率测度模型（SBM-DEA）（吴杨，2018），DEA-Malmquist指数模型（杜晓凤，2019）、DEA-Tobit模型（刘盈，2019）、Super-SBM模型（何郁冰，2019），以及将SBM模型和BP神经网络指标体系相结合的综合评价（王嘉璇，2020；张婷，2023）纷纷被应用于科技计划绩效动态评价。

基于准自然实验的双重差分法（DID）（郑石明，2020）、倾向值匹配法（PSM）（赵立雨，2022）、合成控制法（张俊艳，2022）和断点回归（邓思远，2022）也开始被应用于科技项目绩效评估。

1.2.3 评价

我们通过国内外文献分析发现，科技计划项目评估方法取得了较丰富的研究成果，为本书奠定了较好的研究基础，但科技计划项目绩效评估指标体系较少达成一致，缺乏普适性，量化、动态评估基础研究项目绩效的相关研究较少。

有少量文献涉及科技计划项目绩效评估，但深入、系统地研究湖北省财政性科研项目产出绩效评价的专门成果几乎没有。相关研究的不足，为本书提供了充足的研究空间。

本书拟在样本抽查和典型调查的基础上，构建评价指标体系，运用因子分析法、分布滞后模型（DL）、SBM模型和BP神经网络模型，对湖北省财政性科研项目产出绩效进行综合评估，为进一步优化湖北省科技管理政策提供决策依据。

1.3 研究内容及研究思路

1.3.1 研究内容

1）湖北省财政性科研项目产出绩效评估模型设计

本书在梳理绩效评估相关文献的基础上，结合科技计划项目的类别与特征，借鉴投入产出有关思想与绩效测度理论模型，拟构建测度科技项目产出滞后效应的分布滞后模型（DL），设计科研项目产出绩效评估的SBM模型和BP神经网络模型，为绩效评估作理论准备。

2）湖北省科研项目财政投入产出现状与问题分析

本书作者查找有关数据库与统计年鉴，走访调研湖北省各级科技管理部门、科技服务部门和财政部门，调研科研项目承担单位，收集、整理湖北省近10年科研项目财政投入与产出的相关数据资料，分析湖北省科研项目财政投入产出现状，剖析科研项目财政投入产出中存的问题。

3）湖北省财政性科研项目产出绩效评估指标体系构建

本书设计了评估体系指标的调查问卷，在听取专家意见后，按照“投入—产出—效果”的逻辑，根据评价项目的性质不同，设计财政性科研项目产出绩效评估的绝对指标体系（SBM指标体系）和相对指标体系（BP神经网络评估指标体系），利用因子分析法确定关键评估指标。

4）湖北省财政性科研项目产出绩效评估

本书从湖北省科技计划项目实施的效益、效率、效果三个方面出发，结合省内高校、科研院所及相关企业的实际情况，拟从财政性科研项目的经费投入、合同指标完成情况、总体执行情况、项目实施经济、社会效益及效率等方面，利用湖北省2011—2020年的相关数据展开实证研究。

1.3.2 研究思路

本书遵循“文献综述—理论建构—现状分析—评估指标体系

构建—绩效评估—对策建议”的逻辑思路进行研究内容的安排。本书在科学构建评价指标体系的基础上，拟用因子分析法、分布滞后模型（DL）、SBM模型和BP神经网络模型对财政性科研项目产出绩效进行理论分析和实证研究，为优化湖北省财政性科研项目管理政策提供理论支撑。

本书研究思路如图1-1所示。

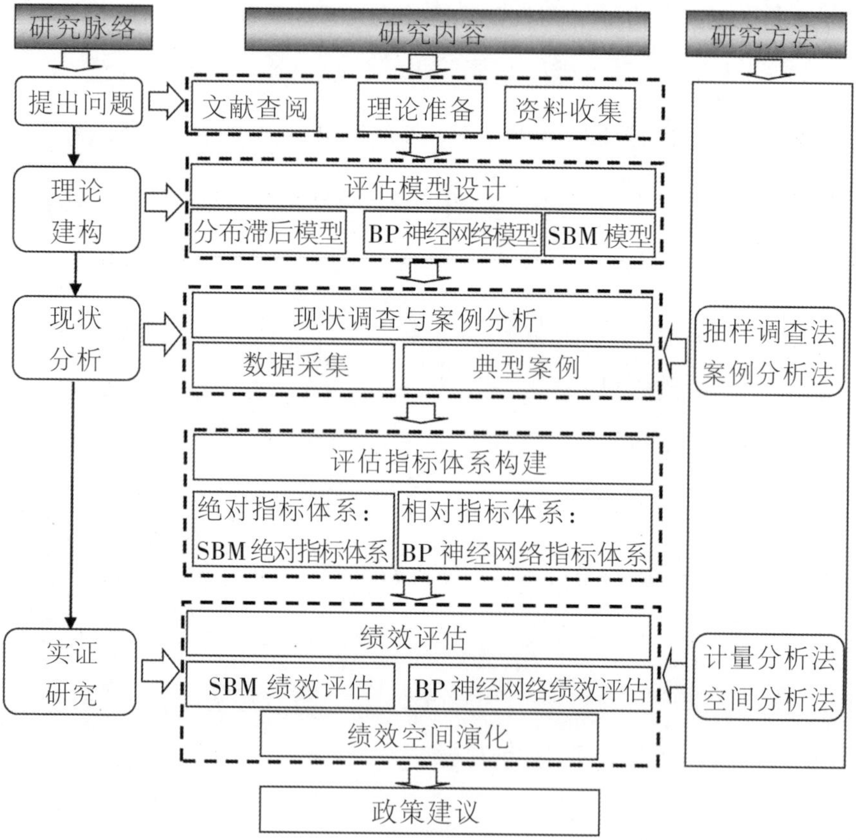

图1-1 本书研究思路

1.4 研究方法与创新点

1.4.1 主要研究方法

1）规范研究与实证研究相结合

本书借鉴投入产出理论（Input-output Theory）与政府绩效评估理论（Government Performance Evaluation Theory）评价财政性科研项目的产出绩效；运用空间异质性理论（Spatial Heterogeneity Theory）分析科研项目财政投入与产出的时空演化规律与特征；利用政府规制理论（Government Regulation Theory）探讨财政性科研项目管理政策的优化路径。

2）大样本抽查与典型调查结合

本书针对湖北省2011—2020年科研项目财政投入、产出和财政性科研项目在高校、科研院所、企业等分布的空间差异现状，拟通过在武汉市、宜昌市、襄樊市、黄石市、荆州市、孝感市等地分区抽查，结合统计年鉴进行分析；同时，财政性科研项目的经济效益、社会效益等，选取典型市区和高校、科研院所与企业，通过调研走访、深度访谈等方式进行典型个案信息采集。

3）计量分析与空间分析相结合

本书拟用空间面板计量模型分析科研项目财政投入与产出的时空演化规律与特征；尝试运用分布滞后模型（DL）测度财政性科研项目产出的滞后收益，用因素分析法挖掘财政性科研项目绩效的关键评估指标；将SBM模型和BP神经网络模型相结合，分类、综合评估财政性科研项目产出绩效；在此基础上，构建湖北省财政性科研项目管理政策的优化路径。

1.4.2 创新点

1）研究方法创新

在大样本抽查与典型调查相结合的基础上，本书拟利用分布滞后模型分析财政性科研项目产出的滞后期问题。

与以往只评估科研项目的科技直接产出、经济效益、社会效益不同，本书尝试基于投入产出的绩效评估思想，将BP神经网络模型与以产出为导向的松弛变量效率测度模型（SBM）相结合，从效果、效益、效率三个维度，全面评估湖北省财政性科研项目的产出绩效，利用空间面板计量模型，分析湖北省科研项目财政投入与产出的时空演化规律和特征。

2）评价指标体系创新

本书结合国家统计局的分类，在听取专家意见的基础上，拟分别设计基础研究项目子指标体系、应用研究项目子指标体系、试验发展子指标体系、研发成果转化子指标体系，以体现每类科研项目的特殊性和考核的针对性。

本书将绝对指标体系（SBM指标体系）和相对指标体系（BP神经网络指标体系）相结合、将短期效果评价指标与长期效果评价指标相结合，将每类项目分为科技直接产出、经济效益、社会效益和效率等指标体系，展开综合的定性定量评价。

3）研究内容创新

本书主要针对于湖北省财政性科研支出效率展开评价，在财政性科研投入上，将当年中央财政、企业、国外、高校自有和其他来源的经费剔除后，只考虑湖北省财政性科研经费。在科技成果产出上，从经济效益、社会效益两方面进行综合评价。

第2章　财政性科研投入效率测度的理论分析

2.1　核心概念界定

2.1.1　财政性科研投入

本书中的湖北省财政性科研投入，也称为财政性科研支出，后为行文方便，有时财政性科研投入与财政性科研支出交替使用。它是指全社会R&D经费中剔除了中央财政、企业、国外、高校自有和其他来源的经费后，即湖北省财政科技支出中用于R&D活动（基础研究、应用研究、试验发展）的总费用支出，也称为财政性R&D经费支出或R&D财政支出经费，也就是通常说的财政性“三项”经费支出，它是财政科技支出的一部分。

2.1.2 财政性科研投入效率

财政性科研投入效率，也称为财政性科研投入产出效率，是指一定时期内（通常为一年）财政性R&D活动（基础研究、应用研究、试验发展）经费支出所产生的主要的直接科技成果产出、效益，以及财政性科研经费的投入产出效率。为行文的方便，有时财政性科研投入产出效率也简称为财政性科研产出效率，且财政性科研支出效率与财政性科研产出效率交替使用。财政性科研支出只是财政科技支出的一部分，因此，财政性科研支出效率并不等同于财政科技支出效率。

从已有文献来看，国内研究财政科技支出效率的成果较多，而研究财政性科研支出效率的成果几乎没有。为客观、准确地统计测度湖北省财政性科研投入产出效率，在财政性科研投入的取值上，本书将当年中央财政投入剔除，只考虑湖北省财政性科研经费，即湖北省财政性R&D经费，也就是通常说的财政性“三项”经费，相应地统计测算其直接科技成果产出、经济社会效益，是根据当年湖北省财政性科研支出占全社会R&D经费的占比，利用投入产出理论，折算后测度的产出值。

2.1.3 政府资助强度

为准确测度政府对R&D活动的资助力度，本书构建了政府资助强度指标，它是指一个国家或地区R&D活动中财政性科研支出占GDP的份额，也称为政府投入强度，它不等同于国际通用的投入强度（一个国家或地区全社会R&D经费占GDP的比重）。政府资助强度只反映全社会R&D经费中公共财政投入占GDP的比重，本书中的政府资助强度，是指湖北省科技财政支出中用于R&D活动（基础研究、应用研究、试验发展）的总费用支出占当年湖北省地区生产总值的比重。

2.2 理论依据

2.2.1 投入产出理论

20世纪30年代，美国经济学家Leontief（1936）基于魁奈的经济表和瓦尔拉斯的一般均衡理论首次提出投入产出理论，并在之后出版的《美国经济结构1919—1929》和《美国经济结构研究》中进一步阐述了投入产出分析的基本理论和原理。投入产出理论主要通过编制投入产出表和构建投入产出模型，分析各要素间相互依存的关系，是一种实用且高效的经济分析方法。早期的投入产出模型，大多是静态的投入产出模型，但随着研究的不断深入，投入产出分析模型也呈现出由静态向动态转变的趋势，投入产出分析的应用领域也在不断扩大，后期被广泛运用于多种经济活动的评估。财政性科研涉及多投入、多产出指标，非常适合采用投入产出分析。

2.2.2 政府绩效评估理论

政府绩效是政府工作所取得的实际结果和成效，对于政府绩效的评估具体可以分为三个环节：确定绩效目标、构建指标体系、评估施政效果。政府绩效评估兴起于英美等发达国家，并与西方国家政府治理范式的演变协同共生，大致可分为四个阶段：

1）萌芽阶段（20世纪初期到40年代）

当时政府绩效评估主要以“产出”为导向，如美国政府要求中央和地方政府建立绩效预算制度，并将产出效率视为考察政府绩效的重要依据。

2）第二阶段（20世纪40年代至70年代）

政府绩效评估以“过程”为导向，政府不断尝试将目标管理和过程控制融入评估体系中。

3）第三阶段（20世纪70年代至80年代）

各国兴起一股以“结果”为导向的潮流，目的在于以评估结果提升政府绩效。

4）第四阶段（20世纪90年代至今）

这一阶段也是政府绩效评估的鼎盛时期，政府绩效评估以“公民”为导向，一方面是现代化信息技术推动政府绩效评估的进步，另一方面是公共管理利益相关者的需求和满意度逐渐成为政府绩效评估的新焦点。

评估指标体系构建是绩效评估的核心，回溯政府绩效评估理论的发展轨迹，为本书财政性科研投入产出效率评价指标体系的构建提供了有力的理论支撑。

2.2.3 政府规制理论

政府规制理论形成于20世纪70年代末至80年代初，主要有强化政府规制和简化政府规制两大类。

起初，强化政府规制理论占主导地位，但发达市场经济国家先后面临滞胀困境的僵局，这引发了经济学家们对政府规制政策的重新审视，开始提出简化政府规制理论的观点，各国先后开始了政府简化规制的改革，简化规制政策明显促进了产业结构调整和经济的发展。我国政府规制理论经历了三个发展阶段：

20世纪80年代末至90年代初是第一阶段，该阶段处于政府规制理论引进阶段，我国学者对国外的政府规制理论和著作进行了深入的研究。

20世纪90年代中后期是第二阶段，该阶段为政府规制理论的应用阶段，主要致力于利用政府规制理论分析国内垄断产业。

21世纪初至今是第三阶段，该阶段是政府规制理论研究拓展阶段，政府规制理论主要被用于各种政策的制定上，也为本书探讨财政性科研管理政策的优化路径提供了理论依据。

第3章　财政性科研支出现状分析

湖北省财政性科研支出结构与规模是影响湖北省财政性科研项目产出绩效的主要因素之一。本书对财政性科研支出的规模变化、结构变化以及投向情况进行纵向分析，以探究湖北省财政性科研支出的变化趋势和发展轨迹，并与国内科技发达省（市）进行横向比较，以更加客观全面地分析湖北省财政性科研支出现状。

3.1　湖北省财政性科研支出现状

3.1.1　支出规模分析

本书从湖北省2011—2020年间财政性科研支出、财政性科研支出占财政支出比重、财政性科研支出占地区生产总值比重等方面进行比较分析，客观反映湖北省财政性科研支出规模现状。

从绝对规模上看，如表3-1所示，湖北省地区生产总值从2011年的19 943亿元增长到2020年的49 471亿元，平均每年增长接近10.62%。湖北省财政支出从2011年的3 214.74亿元增长至2020年的8 952.16亿元，平均每年增长约11.54%，但在2018—2020年间，平均每年增长速度约为8.8%，增速有所下降。湖北省财政性科研支出绝对数额呈增长趋势，财政性R&D经费（财政性科研支出）从2011年的61.86亿元上升到2020年的152.37亿元，平均每年增长10.53%。其中2017年首次突破100亿元，并且2018年增长速度最快，增长率达到27.22%，尤其是2016—2020年的五年中，湖北省财政性科研支出平均增长率为13.11%。由此可见，湖北省财政性科研支出总体规模呈稳定上升趋势。

表3-1 **湖北省财政性科研支出占比**

年份（年）	财政性R&D经费（亿元）	财政支出（亿元）	财政性科研支出占财政支出份额（%）	地区生产总值（亿元）	财政性科研支出占地区生产总值的份额（%）	R&D经费投入强度（%）	政府资助强度（%）
2011	61.86	3 214.74	1.92	19 943	0.31	1.62	0.31
2012	69.04	3 759.79	1.84	22 591	0.31	1.70	0.31
2013	77.26	4 371.65	1.77	25 378	0.30	1.76	0.30

续表

年份（年）	财政性R&D经费（亿元）	财政支出（亿元）	财政性科研支出占财政支出份额（%）	地区生产总值（亿元）	财政性科研支出占地区生产总值的份额（%）	R&D经费投入强度（%）	政府资助强度（%）
2014	80.36	4 934.15	1.63	28 242	0.28	1.81	0.28
2015	83.05	6 132.84	1.35	30 344	0.27	1.85	0.27
2016	93.10	6 422.98	1.45	33 353	0.28	1.80	0.28
2017	113.29	6 801.26	1.67	37 235	0.30	1.88	0.30
2018	144.13	7 258.27	1.99	42 022	0.34	1.96	0.34
2019	148.34	7 920.21	1.87	45 429	0.33	2.11	0.33
2020	152.37	8 592.16	1.77	49 471	0.30	2.09	0.30

数据来源：根据《湖北省统计年鉴》和《中国科技统计年鉴》整理得出。

从相对规模上看，如表3-1所示，2011—2020年间湖北省财政性科研支出占财政支出比重介于1.35%~1.99%之间，在2018年之前，这一指标保持在1.5%左右，波幅较小，但在2018年这一比重达到接近2%。2011—2020年间湖北省财政性科研支出占地区生产总值比重介于0.27%~0.34%之间，该比重比较低。为了更加准确地分析湖北省财政（除中央财政投入外）对科研活动的资助强度，本书借鉴国际上通用的R&D经费投入强度指标（全社会R&D经费支出占GDP的比重，是衡量一个国家和地区科技活动规模与强度的重要指标），构建测度湖北省公共财政对R&D活动的政府资助力度或政府投入强度指标，即财政性R&D经费投入占地区生产总值的比重。数据来源上，湖北省财政性R&D经费数据来于《湖北省统计年鉴》《中国科技统计年鉴》，相关数据处理上，湖北省财政性R&D经费，是在政府投入的R&D经费中剔除中央所属（国家科技项目、中央或国务院所属课题）经费计算整理的。

由表3-1可以看出，湖北省R&D经费中的R&D经费投入强度从2011年的1.62%增长到2020年的2.09%，从2019年起稳定在2%左右，整体偏低，虽处于增长态势，但增速极为缓慢。政府资助强度（财政性R&D经费占地区生产总值比重）2011—2020年一直保持在0.27%~0.34%之间，同样处于缓慢低速增长的态势，这表明湖北省财政性R&D经费占地区生产总值的比重较低，应加大对财政性R&D经费的投入力度，特别是省财政性R&D经费投入。

除此之外，如图3-1所示，湖北省财政性科研支出增长率2011—2020年处于2.72%~27.22%之间，其整体趋势呈现两种状态，2011年到2015年呈下降趋势，在2015年其增长率下降到3.35%，2016—2018年呈快速增长趋势，其增长率从12.1%上升到27.22%，2018—2020年其增长率又开始降低，在2020年下降至2.72%，可以看出湖北省财政性科研支出增长率存在3~4年的波动周期；财政支出增长率位于4.73%~28.52%之间，2016年之前除个别年份外，呈现逐渐降低的趋势，2016—2020年开始缓慢增长；地区生产总值增长率2011—2020年位于7.5%~13.93%之间，自2012年之后呈现平缓趋势。

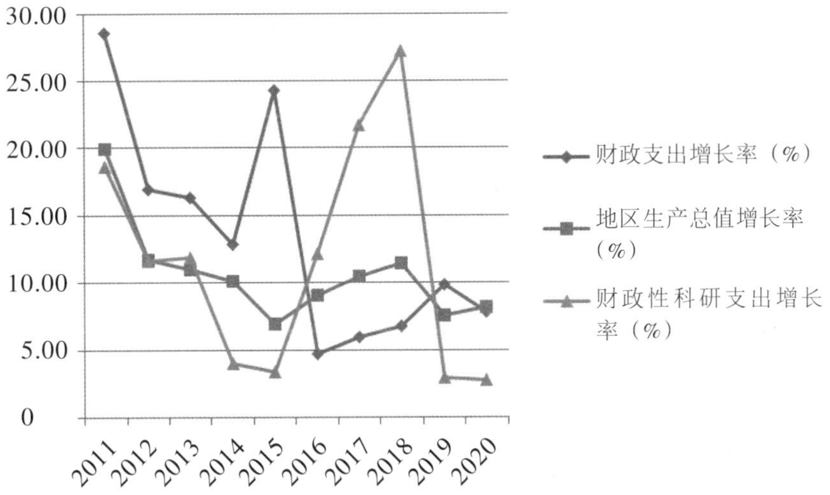

图3-1　湖北省财政支出增长率、财政性科研支出增长率和地区生产总值增长率

数据来源：根据《湖北省统计年鉴》和《中国科技统计年鉴》整理得出。

注：彩色图片详见下方二维码。

从整体趋势看，湖北省财政性科研支出增长率与湖北省地区生产总值、财政支出变动并不一致，说明湖北省财政性科研支出尚未形成稳定的增长机制。

虽然近年来湖北省财政性科研支出力度不断加大，但财政性科研支出仍处于较低水平。这是造成湖北省科技创新能力低，湖北省科技实力较弱的主要原因。

财政投入是助推科技发展的重要力量源泉，湖北省财政性科研投入不足，进而带来湖北省科技发展缓慢，这成为制约湖北省经济高质量发展的主要短板。

因此，为助力湖北省科技事业高质量发展，充分发挥湖北省科技资源优势，提高湖北省在中部地区的科技辐射力，未来几年里需要进一步提高财政性科研支出的比重，继续加大政府对科研活动的资助力度。

3.1.2 支出结构分析

R&D经费支出是衡量一个地区科技投入规模的重要标准，而财政性科研支出规模与结构，更能体现出政府对科研活动的重视程度，因此，有必要对财政性科技支出结构进行深层次分析。

按照科技活动类型划分，相应地R&D经费可以分为基础研究、应用研究和试验发展三个构成部分。湖北省财政性科研支出的结构分析主要从基础研究经费、应用研究经费和试验发展经费三方面展开。

R&D活动中，基础研究是应用研究和试验发展的基础。但从2011—2020年湖北省财政性科研经费支出结构变动趋势看，湖北省基础研究经费总量远远低于试验发展经费，财政性R&D经费和试验发展经费总量大，保持高速增长（如表3-2

所示）。

表3-2　　湖北省财政性R&D经费以及各项研究经费

年份（年）	财政性 R&D 经费（亿元）	基础研究经费（亿元）	应用研究经费（亿元）	试验发展经费（亿元）
2011	61.86	2.67	9.03	50.16
2012	69.04	3.66	10.08	55.30
2013	77.26	3.79	11.76	61.71
2014	80.36	2.93	10.87	66.56
2015	83.05	3.41	10.43	69.21
2016	93.10	4.01	11.46	77.62
2017	113.29	4.52	14.52	94.26
2018	144.13	5.36	18.97	119.80
2019	148.34	6.70	18.49	123.16
2020	152.37	7.59	20.13	124.65

数据来源：根据《湖北省统计年鉴》和《中国科技统计年鉴》整理得出。

湖北省财政性R&D经费在2011—2020年间从61.86亿元上升到152.37亿元，最高达到27.22%的增幅；试验发展经费从2011年的50.16亿元上升到2020年的124.65亿元，2018—2020年达到100亿元，最大增幅达到27.10%。而基础研究经费和应用研究经费处于总量少、低速增长状态，基础研究经费从2011年的2.67亿元上升到2020年的7.59亿元，还未达到10亿元，甚至在2014年还出现了负增长；应用研究经费从2011年的9.03亿元上升到2020年的20.13亿元，2018—2020年平均每年增长0.58亿元。基础研究经费和应用研究经费远远低于试验发展经费。

2011—2020年湖北省财政性R&D经费支出结构如图3-2所示。可以看出，2011—2020年，基础研究经费和应用研究经费占湖北省财政性R&D经费的比重一直处于较低水平，基础研究经费占R&D经费的比重在3.65%~5.30%之间，平均每年为4.38%，应用研究经费占R&D经费的比重平均每年为13.45%，而试验发展经费占R&D经费的比重平均每年为82.17%，其中2016—2020年，湖北省试验发展经费占R&D经费的比重依然在70%以上。

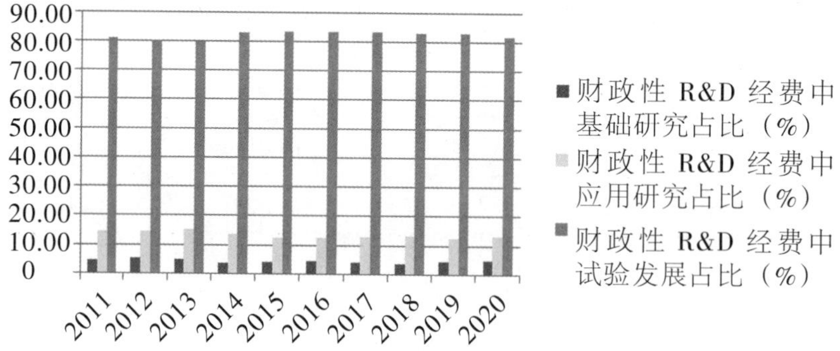

图3-2 湖北省财政性R&D经费支出结构

数据来源：根据《湖北省统计年鉴》和《中国科技统计年鉴》整理得出。

注：彩色图片详见下方二维码。

总之，由纵向分析对比可知，近几年湖北省的财政性科研支出不断增加，财政性科研支出总规模呈逐步上升趋势，但财政性科研支出占地区生产总值的比重较小，整体来看湖北省财政性科研支出增长率与湖北省地区生产总值、财政支出变动并不一致，说明湖北省财政性科研支出尚未形成稳定的增长机制。

在财政性科研支出结构上湖北省注重对试验发展研究的投入，而缺乏对基础研究和应用研究的支持，尤其是忽略了基础研究的重要性，R&D 经费结构比例失调。R&D 经费投入强度和政府资助强度整体偏低且增长缓慢，政府在财政支出中应加大科研投入的支出，进一步提高 R&D 经费在科研支出中的比例，尤其是要提高基础研究经费在 R&D 经费中的比重。

3.2　与其他科技发达省市支出比较

3.2.1　支出规模比较

3.2.1.1　绝对规模比较

科技创新水平是衡量科技发达程度的主要指标。根据《中国区域创新能力评价报告 2021》，2021 年区域科技创新水平湖北省排名第八，前七名的省市依次分别是上海市、北京市、广东省、天津市、江苏省、浙江省、重庆市。

本书将湖北省与以上国内科技发达省市的财政性科研支出水

平进行对比。

如表3-3所示，剔除其他来源的科研投入，从绝对规模看，在2011—2020年间，湖北省财政性科研支出的绝对数额呈增长趋势，财政性科研支出从2011年的61.86亿元上升到2020年的152.37亿元。

表3-3　　**财政性科研支出比较**　　单位：亿元

年份	上海市	北京市	广东省	天津市	江苏省	浙江省	重庆市	湖北省
2011	123.15	180.42	89.48	21.21	109.81	50.05	19.14	61.86
2012	158.03	110.60	102.51	27.83	127.78	57.39	21.90	69.04
2013	171.89	197.11	110.41	39.99	129.96	62.85	22.91	77.26
2014	204.65	221.77	110.82	39.93	120.44	67.12	22.09	80.36
2015	238.56	264.34	138.55	70.30	140.25	71.53	34.63	83.05
2016	262.33	267.10	177.27	59.05	139.88	74.78	41.82	93.10
2017	300.62	268.89	228.38	69.27	175.19	87.00	48.21	113.29
2018	329.88	266.04	273.30	56.53	234.25	108.20	66.24	144.13
2019	384.32	355.59	377.40	25.25	251.66	129.51	73.92	148.34
2020	413.55	367.43	428.21	59.45	289.52	158.12	88.64	152.37

数据来源：根据《湖北省统计年鉴》和《中国科技统计年鉴》整理得出。

其中，在2016—2020年，财政性科研投入大幅度增长，平均每年大约增长13.11%。

其中湖北省财政性科研支出在2017年首次突破100亿元，并在2018年增长率最高，为27.22%。

由此可见，湖北省财政性科研支出总体规模呈逐步上升趋势。但是与其他科技发达省市相比，每年的财政性科技投入总规模仍旧存在较大差距。

如表3-3所示，2011—2020年，财政性科研支出上海市从123.15亿元上升到413.55亿元；北京市从180.42亿元上升到367.43亿元；广东省从89.48亿元上升到428.21亿元；天津市从21.21亿元上升到59.45亿元；江苏省从109.81亿元上升到289.52亿元；浙江省从50.05亿元上升到158.12亿元；重庆市从19.14亿元上升到88.64亿元。其中，北京市、上海市、广东省的财政性科研支出分别在2019年、2017年和2019年首次突破了300亿元，江苏省在2018年也超过了200亿元，浙江省在2018年首次突破100亿元，2018—2020年，分别为108.2亿元、129.51亿元、158.12亿元，尽管总量低于湖北省，但每年增幅远高于湖北省。上海市的财政性科研资金在2012年就超过了150亿元，而湖北省2020年尚未达到上海市2012年的水平。

由此可见，虽然近年来湖北省财政性科研支出不断增加，但仍处于较低水平，湖北省财政性科研支出相对规模与其他科技发达省市相比存在较大差距。

以上8个省市2011—2020年的财政性科研支出比较如图3-3所示。

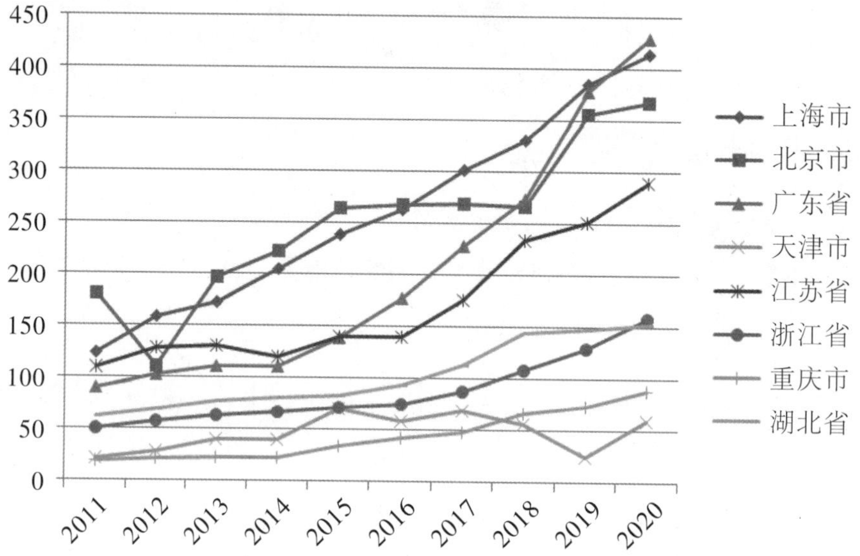

图 3-3 财政性科研支出比较（单位：亿元）

数据来源：根据《湖北省统计年鉴》和《中国科技统计年鉴》整理得出。

注：彩色图片详见下方二维码。

3.2.1.2 相对规模比较

1）财政性科研支出占财政支出比重

如图 3-4 所示，在 2011—2020 年间，湖北省财政性科研支出占财政支出的比重保持着较为平稳的发展。

2011—2020 年间湖北省财政性科研支出占财政支出的比重一直在 1.35%~1.99% 之间。

2016—2020 年，湖北省财政性科研支出占财政支出的比重

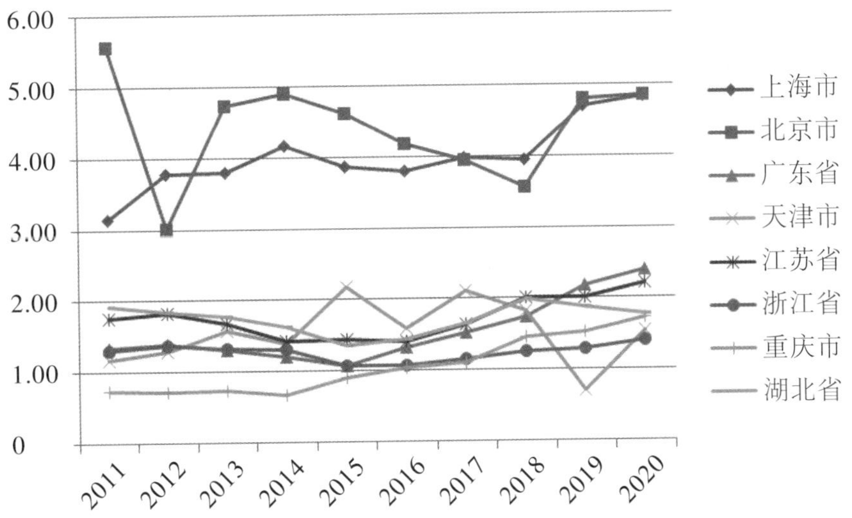

图3-4　财政性科研支出占财政支出比重比较（单位：%）

注：彩色图片详见下方二维码。

平均每年增长5.11%，而同期，北京市财政性科研支出占财政支出的比重在3.56%~4.85%之间，平均每年增长3.85%；江苏省财政性科研支出占财政支出的比重在1.40%~2.21%之间，平均每年增长12.03%；浙江省财政性科研支出占财政支出的比重在1.07%~1.41%之间，平均每年增长7.06%。

由此可见，湖北省财政性科研支出总体规模与其他科技发达省市相比仍旧存在较大差距，北京市、江苏省、浙江省等省市的财政性科技投入规模始终高于湖北省。

2）政府资助强度

从政府资助强度（财政性科研支出占地区生产总值的比重）来看，如图3-5所示，2011—2020年，湖北省财政性科研支出占地区生产总值的比重在0.27%~0.34%之间。

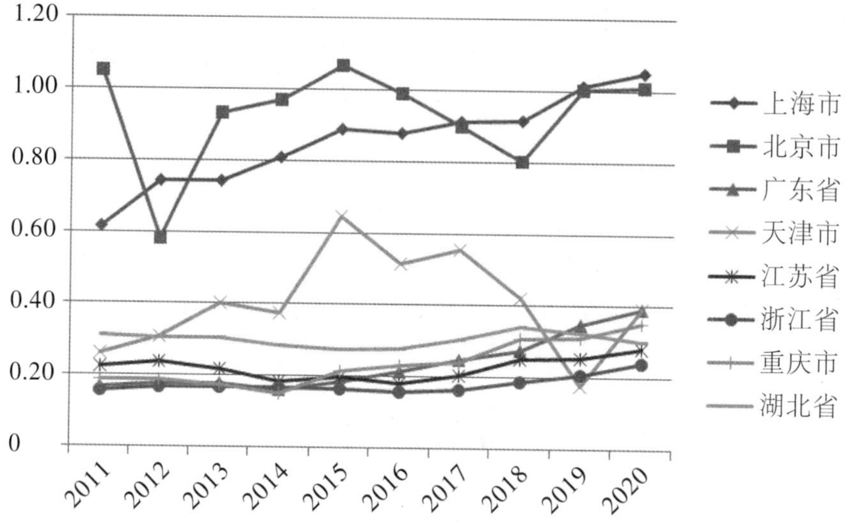

图3-5 财政性科研支出占地区生产总值比重比较（单位：%）

数据来源：根据《湖北省统计年鉴》和《中国科技统计年鉴》整理得出。

注：彩色图片详见下方二维码。

其中，2016—2020年，湖北省财政性科研支出占地区生产总值的比重分别为0.28%、0.30%、0.34%、0.33%、0.30%，平均每年增长1.74%；同期，北京市财政性科研支出占地区生产总值的比重在0.8%~1.01%之间，平均每年增长0.56%；江苏省财政性科研支出占地区生产总值的比重在0.18%~0.28%之间，平均每年增长11.55%；浙江省财政性科研支出占地区生产总值的比重在0.16%~0.24%之间，平均每年增长10.97%。

由此可见，虽然近年来湖北省对财政性科研支出的投入力度不断加大，但与上海市、江苏省、浙江省等科技发达省市相比仍处于较低水平。

3）财政性R&D经费占R&D总经费比重

R&D经费按照活动类型可分为基础研究经费、应用研究经费和试验发展经费三个部分，按照资金来源可分为来自政府、高校的R&D经费、来自企业的R&D经费以及来自国外资金的R&D经费。

表3-4为剔除来源于企业、国外及高校的经费后的各省市财政性R&D经费（财政性科研支出）占R&D总经费的比重，在2011—2020年间财政性R&D经费占R&D总经费的比重湖北省在17.81%~22.37%之间，平均每年所占比重为19.79%；北京市在47.87%~57.34%之间，平均每年所占比重为52.74%；上海市在29.43%~36.62%之间，平均每年所占比重为34.32%；广东省在7.27%~12.82%之间，平均每年所占比重为9.68%；浙江省在6.96%-8.81%之间，平均每年所占比重为7.9%；江苏省在7.55%~11.04%之间，平均每年所占比重为9.4%。

表3-4 **R&D总经费中R&D政府支出经费比重比较** 单位：%

年份	上海市	北京市	广东省	天津市	江苏省	浙江省	重庆市	湖北省
2011	29.43	53.15	9.01	15.99	11.04	8.81	15.69	22.37
2012	33.23	53.23	8.73	16.11	10.78	8.36	14.43	21.58
2013	31.61	57.34	8.05	16.97	9.52	8.09	13.66	20.72
2014	33.92	55.18	7.27	16.05	8.07	7.78	11.52	19.15
2015	36.41	57.20	8.11	20.53	8.51	7.45	14.76	18.23
2016	35.71	54.06	9.17	17.50	7.55	6.96	14.57	19.01
2017	35.63	52.06	10.26	22.75	8.50	7.23	13.92	19.64
2018	34.67	49.21	10.64	20.76	10.14	7.88	17.00	20.70
2019	36.01	47.87	12.82	16.53	9.89	8.16	16.57	18.72
2020	36.62	48.10	12.73	17.65	10.06	8.25	16.85	17.81

数据来源：根据各省市统计年鉴和《中国科技统计年鉴》整理得出。

其中，2018—2020年间湖北省出现了缓慢降低的现象，平均每年下降了7.24%；同期，北京市平均每年下降了1.13%；上海市平均每年增长2.77%；广东省平均每年增长9.38%；浙江省平均每年增长2.32%；江苏省平均每年下降了0.4%。由此可见，2018—2020年上海市、广东省、浙江省的财政性R&D经费占R&D总经费的比重均在一定程度上均有所上升，湖北省、北京市、江苏省均有所下降，分别降低了7.24%、1.13%和0.4%。可以看出，湖北省财政性R&D经费占R&D总经费的比重低于北京市、上海市、广东省、浙江省等国内科技发达省市。因此，湖北省应进一步提高R&D经费中财政性R&D经费投入比例。

4）基础研究经费占财政性R&D经费的比重

R&D经费按照活动类型分为基础研究经费、应用研究经费和试验发展经费三种。

从图3-6可以看出，湖北省基础研究经费占财政性R&D经费的比重2011—2020年间一直维持在3.64%~5.30%之间，处于平稳发展态势。在2016—2020年间各省市基础研究经费占财政性R&D经费的比重均有所增加，其中湖北省平均每年增长1.03%；北京市平均每年增长3.5%，上海市平均每年增长4.94%，广东省平均每年增长3.07%，江苏省平均每年增长1.77%，浙江省平均每年增长0.11%，天津市平均每年增长1.46%。由此可见，与其他省市相比，湖北省基础研究经费占财政性R&D经费的比重在2011—2020年间虽处于增长态势，但增长幅度并不大，增速极为缓慢，且基础研究经费占财政性R&D经费的比重一直在4%左右，说明湖北省缺乏对基础研究的支持力度，忽略了基础研究的重要性，R&D经费结构比例失调，基础研究对社会效益的支持作用无法实现。

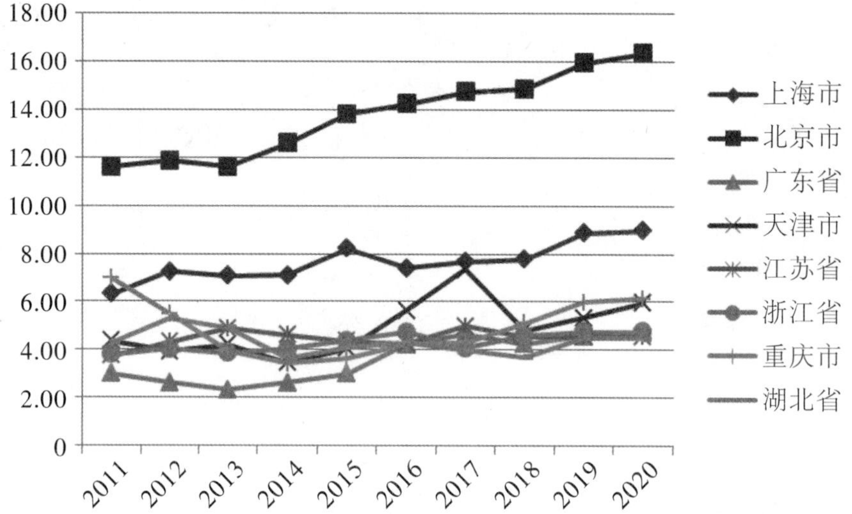

图 3-6 财政性 R&D 经费中基础研究所占比重比较

数据来源：根据各省市统计年鉴和《中国科技统计年鉴》整理得出。

注：彩色图片详见下方二维码。

3.2.2 支出结构比较

3.2.2.1 与国内科技强省比较

与国内排名第一、第二的科技强省（市）北京市、上海市相比，湖北省财政性 R&D 经费支出中基础研究经费、应用研究经费和试验发展经费结构失衡，基础研究经费与应用研究经费支出占比远低于北京市、上海市。在 2011—2020 年间，湖北省基础研究经费占比平均每年为4.38%，应用研究经费占比平均每年为13.45%，试验发展经费占比平均每年为82.17%；其中，在2016—2020年，基础研究经费、应用研究经费、试验发展经费平均每年的财政性R&D经费占比，湖北省分别为4.20%、12.7%、83.01%，北京市分别为15.19%、23.86%、60.95%，浙江省分别为6.13%、4.37%、89.50%，江苏省分别为5.17%、5.88%、88.95%。北京市、上海市等的基础研究经费与应用研究经费占R&D经费的比重虽然也远远低于试验发展经费占R&D经费的比重，但基础研究经费占R&D经费的比重远远高于湖北省。

3.2.2.2 与西方科技发达国家比较

与西方科技发达国家相比，湖北省财政性R&D经费支出也存在支出结构不合理、基础研究经费占比过低的问题。仅以2021年为例，部分发达国家R&D经费中基础研究经费、应用研究经费、试验发展研究经费三者的比值为：

（1）美国1∶1.2∶3.1；

（2）意大利1∶1.6∶1；

（3）日本1∶1.7∶10.9；

（4）法国1∶1.6∶1.6；

（5）韩国1∶1.3∶4.3；

（6）俄罗斯1∶1∶4.5。

可见，湖北省财政性R&D经费支出结构比例失调，财政支出主要偏向试验发展研究，基础研究和应用研究方面的投入还比较少，特别是政府对基础研究的资助力度远远不够，基础研究对社会效益的支持作用无法实现。虽然与试验发展研究相比，基础研究投入大、见效慢、经济效益不明显，但它是科技进步的基础。因此，在湖北省科技强省的建设进程中，应加强对基础研究方面的投入，特别应加大财政对基础研究的投入力度。

综上所述，由纵向对比分析可知，近年来湖北省财政性科研支出力度不断加大，财政性科研支出总规模呈逐步上升趋势，但财政性科研支出占地区生产总值的比重较小，整体来看湖北省财政性科研支出增长率与湖北省地区生产总值、财政支出变动并不一致，说明湖北省财政性科研支出尚未形成稳定的增长机制。在财政性科研支出结构上，湖北省比较注重对试验发展研究的投入，而缺乏对基础研究和应用研究的财政投入，尤其是对基础研究的投入重视程度不够，政府对R&D经费的支出结构中，基础研究和应用研究的占比较低，与国内科技强省横向对比来看，湖北省财政性科研支出规模、政府资助强度、基础研究占财政性科研经费的比重以及财政性R&D经费（财政性科研经费）占R&D总经费的比重与北京市、上海市、广东省、江苏省、浙江省等相比还存在一定的差距，明显低于这些科技发达省市，存在严重的支出结构失调，特别是基础研究的财政投入明显过低。因此，湖北省应加大财政科技支出的投入力度，进一步提高财政科技支出中R&D经费比重，特别是财政性R&D经费中省级财政经费的比重，重点提高财政性基础研究经费的比重。

第4章　产出绩效评价指标体系构建

近年来国家非常重视科技的发展，相继出台了诸多鼓励企业自主创新的政策，其中包括加大财政科技资金的投入力度。财政性科研项目投入，作为财政科技支出的重要组成部分，对科学技术和生产力发展的有着重要的方向指引作用。构建科学、合理的评价指标体系是财政性科研项目绩效评价的前提和基础。

本章首先依据政府财政支出绩效评价理论，阐释财政性科研项目产出绩效评价指标构建应当遵循的原则，在相关原则的指导下，以2020年我国内地30个省份（西藏除外）作为研究对象，初步构建湖北省科研项目产出的绩效评价指标体系。对产出指标进行两轮因子分析，找出湖北省财政性科研项目产出绩效的关键评估指标，并对指标进行降维处理，将其分为社会性产出和经济性产出，构建SBM指标体系，同时选取可能影响效率的相对指标作为输入指标，以SBM绩效结果作为输出指标，构建BP神经网络指标体系。

4.1 评价指标体系构建原则与方法

4.1.1 构建原则

科研项目产出绩效评估是一类极具前瞻性与深远意义的科学研究，指标的选取尤为重要，将直接影响绩效评价的结果。为使绩效测算活动顺利、稳定地开展，首先要保证用于绩效评价的投入和产出指标能够客观、准确地反映项目绩效，其次应结合湖北省财政性科研产出自身的特点，尽可能体现湖北省财政性科研项目产出的真实水平。因此，为构建合理、科学的评估指标体系，应遵循一定原则，主要包括可操作性原则、科学性原则、重要性原则以及定性与定量相结合的原则。

1）可操作性原则

可操作性是科研项目产出绩效评价的关键，目的是保证评价的顺利开展，因此所选取的指标本身必须是合理的，并且指标对应的相关数据是可以通过年鉴、统计公报获得或可以在实践调研中直接获取的，应尽可能地避免选取难以获取对应数据的指标，以保证指标体系的数据是可量化的。若所选指标本身不合理或所对应的数据难以获取，那么无论用什么评价方法，都难以测算出客观的绩效评价结果，只有具有可行性的评价指标才具有实践价值，在现实中才能得到应用和践行。因此，在设计指标时，应充分考虑指标的可操作性，并随外部因素的变动及时做出动态调整。

2）科学性原则

构建指标的科学性原则是保证科研评价公平性的前提，在选取评价的具体指标时要联系实际，充分遵循科学研究活动的基本规律，每项指标的构建都应该建立在可靠的理论基础与实践调研基础上，不能是凭空捏造出来的，以体现指标构建的科学性。此外，还要保证构建的指标体系可以用科学的方法开展评估。

3）重要性原则

重要性原则要求选取的绩效评价指标所反映的是项目的主要内容，而不是次要内容。财政性科研项目绩效的评价研究绝不是简单的活动，而是一项繁杂的系统性工程。为了避免冗余的次要指标干扰绩效评价活动的顺利进行，指标的选择应该以质量为导向，而不应试图以数量弥补质量的不足，并在此基础上保证所选的评价指标之间相互独立，应该避免指标互相重复与明显的交集，即避免指标的关键信息重叠，在同一指标体系内不可以从单个指标中衍生出子指标。此外，还要求指标之间是相互补充的，并体现指标之间的关联性与兼容性。

4）定性与定量相结合原则

定量和定性相结合原则要求在设计指标时同时考虑主观和客观因素。定量指标，需要通过实地的考察和度量才能获得相关数据，其具有高客观性的特点；定性指标，需要绩效评价主体对项目内容进行综合评价和判断才能获取相应数据，主观性较强。同时，科研活动一般具有滞后性，即科研投入不能同步、即时转化为科研产出，故往往需要结合客观和主观因素进行指标的构建，以保证科研项目绩效评价的科学性。

4.1.2 指标的遴选方法

1）指标筛选的方法

科研项目产出绩效评价指标体系是反映财政性科研支出绩效总体现象的特征概念和具体数值，是衡量、检测和评价财政支出经济性、效率性和有效性，揭示财政性科研产出存在问题的重要量化手段，是根据财政性科研绩效评价工作的要求，按照一定的分类标准，对财政性科研产出内容和评价对象进行科学合理、层次清晰、实用可行的分类形成的指标体系。

指标的筛选主要有两种方式：一种是基于经验的主观式筛选，另一种是基于定量的方式进行客观筛选。两者相比，主观筛选指标的方式过多依赖已有经验，主观性较强，缺乏数理支撑，并且依据经验所选择的指标不仅要通过权威的认定，还要经得起检验；而客观利用数学方法进行指标的筛选又过多地依赖指标数据，比较片面，往往容易忽略了指标本身的实际含义和现实意义。

因此，本书从主观定性和客观定量两个方面，构建科研项目产出绩效评价指标体系，以客观、真实地反映湖北省科研项目产出绩效。

2）评价指标体系的初步构建

基于前述指标体系设计的目标及原则，本书在设计科研项目产出绩效评价指标体系时，充分考虑财政资金在科学研究与技术推广中的作用，依照投入产出理论中均衡匹配的原理，并借鉴余振乾（2005）、谢福泉（2006）、顾雪松（2010）等的研究成果，同时考虑数据的可获得性、完整性和稳定性。本书从科研投入、产出两大方面初步遴选投入产出指标，构建了湖北省财政性科研项目产出绩效评价指标体系，如表4-1所示。

在投入方面，依照科技发展轨迹，推动科技进步的资源被分为人、财、物三类，因此，本书沿袭《研究与试验发展（R&D）投入统计规范（试行）》中的分类，将投入分为人力投入与财政性科研资金投入两个方面。

人力投入选用R&D从业人员人数指标表示科研的人力规模；财政性科研资金投入选用财政性R&D经费支出指标表示财政支持科研发展资金规模。

表4-1 **湖北省财政性科研项目产出绩效评价指标体系**

目标层	序号	准则层	单位
投入	X1	财政性R&D经费支出	亿元
	X2	R&D从业人员人数	人
产出	Y1	发表科技论文数	篇
	Y2	出版科技专著数	册
	Y3	科技项目课题数	项
	Y4	登记重大科技成果数	项
	Y5	专利申请受理数	件
	Y6	专利申请授权数	件
	Y7	技术市场合同成交额	亿元
	Y8	技术市场合同成交数	项
	Y9	高新技术产业增加值	亿元
	Y10	高新技术产业新产品销售收入	亿元
	Y11	高新技术产业主营业务收入	亿元
	Y12	硕博毕业人数	人
	Y13	全社会劳动生产率	%
	Y14	发明专利有效数	件

财政性科研项目的产出具有多样性，一般而言，基础研究与应用研究的产出主要以学术论文、专著、科技项目课题数及专利数的形式呈现，试验发展研究的产出则主要体现为经济效益。财

政性科研项目产出的最终目的就是转化为生产力。当科技转化为生产力时，科技成果就可以用经济价值来表示，技术市场的交易情况体现一个地区技术交易行业的总体水平，高新技术产业可以很好地衡量产业的经济效益，这两类指标能够比较合理地衡量科技转化为现实生产力后的直接经济效益。因此，本书选用各类技术市场合同成交金额、技术市场合同成交数、高新技术产业增加值、高新技术产业新产品销售收入、高新技术产业主营业务收入作为经济效益产出指标。而任何一项投入都会对社会产生或大或小的影响，在评价财政性科研项目产出效率时还需要考虑社会效益产出指标，其最重要的就是对于人才培养的贡献度，硕博毕业人数可以直接反映财政性科研投入对社会效益的贡献情况，但仅选用硕博毕业人数并不能全面地评价财政性科研产出的社会效益，因此本书选用全社会劳动生产率全面评价财政性科研的社会效益产出，全社会劳动生产率虽然是相对指标，但因为是评价社会效益的关键指标，不可或缺，因此依旧将它放入SBM绝对指标体系中。

上述产出指标体系能够从多个侧面对湖北省财政性科研项目产出水平进行评价，但由于产出指标的数目较多，且多个变量间可能存在信息重叠与相关性，而在利用SBM模型进行效率评价时，应建立反映实质的简洁的指标体系，因子分析法可以很好地解决这一矛盾，基于此，本书采用因子分析法筛选、确定评价湖北省财政性科研项目产出绩效的关键指标。

4.2 指标筛选

4.2.1 因子分析原理与步骤

1）因子分析原理

因子分析法于1931年由Thurstone首次提出，其概念起源于20世纪初Karl Pearson和Charles Spearman等学者关于智力测验的统计分析。近年来，随着因子分析法被普遍应用于各个学科、各个领域，其理论和方法也愈加丰富。因子分析法是研究多指标、多变量之间关系的一种有效的多元统计方法，其核心思想是降维，通过对数据进行降维、分类和简化，将一些关联性较强的变量归为一个因子，用少数因子去描述多个变量之间的关系，被描述的变量一般都是能实际观测的随机变量。运用因子分析对指标进行筛选，其基本思路是从各指标的相关矩阵出发，根据各类因子贡献率的大小确定潜在因子的个数。

因子分析法作为一种常见的指标筛选方法，其优点在于：

第一，因子分析法在取得因子权重的过程中不是通过人为界定因子的比重，而是借助教学模型和SPSS22软件进行计算和处理，其各因子的权重更具有客观性。

第二，因子分析法通过降维的方式将大量的原始数据用很少的几个指标描述出来，而这很少的几个指标就能反映几乎全部的原始信息，从而避免了大量数据在处理过程中带来的不便。

第三，旋转后的各个主因子之间不具有联系，能避免原始数据中重复的方面，从而使得每个主因子都代表了信息的某一个方面，便于研究者对其进行解释、命名以及比较。

因子分析的基本模型为：

$$T_i = a_{i1}F1 + a_{i2}F2 + \dots + a_{ik}Fk + \varepsilon_i \quad \text{（式4-1）}$$

假设有m个公因子，n个指标，其中，Fk是指第k个公因子（k = 1，2，3，…，m）；T_i是指第i个指标（i = 1，2，3，…，n）；a_{ik}是第i个指标在第k个公因子上的负载，即因子载荷；ε_i是指仅影响T_i的特殊因子。

2）基于因子分析法的指标筛选步骤

在因子分析中，由于各变量因子的性质不同，通常具有不同的量纲和数量级，当各变量因子的水平差异很大时，如果直接使用原始指标进行分析，就会突出数值较高的指标在分析中的作用，从而影响评价结果的准确性和严谨性。

因此，为保证结果的可靠性，在因子分析中，首先，应对原始数据进行标准化处理，本书采用Z-score标准化方法对数据作标准化处理，以此来消除量纲的影响。

其次，计算标准化后评价指标数据的相关系数矩阵$R_{m\times n}$，然后求矩阵$R_{m\times n}$的特征值λ_j，λ_j为第j个公因子，Fk为解释原始指标数值的总方差，公因子Fk对评价指标数值的方差贡献率W_j为：

$$W_j = \lambda_j \Big/ \sum_{j=1}^{k} \lambda_j \quad \text{（式4-2）}$$

将特征值λ_j降序排列，按累计方差贡献率大于等于80%的要求，即累计贡献达到85%即可说明所提公因子可代表几乎全部的原始信息，选出前k个特征值对应的公因子进行分析，用主成分求解因子载荷矩阵，进行因子正交旋转，其中λ_j与α_{ij}的关系为：

$$\lambda_j = \sum_{i=1}^{n} \alpha_{ij}^2 \qquad （式4-3）$$

最后利用SPSS22软件对每类指标进行因子分析，用最大方差法进行因子旋转得到因子载荷$|\alpha_{ij}|$，保留每类中$|\alpha_{ij}|$最大的指标，即完成对评价结果影响最显著指标的筛选。因子分析主要是用少量具有代表性的指标最大限度地反映所构建评价指标体系的原始信息，用因子载荷最大标准筛选出的指标符合其信息含量最大的要求，因子载荷$|\alpha_{ij}|$反映指标与公因子的相关程度，$|\alpha_{ij}|$越大，说明该评价指标包含的信息越多，越应该保留该指标，$|\alpha_{ij}|$越小越表明该指标越不具有代表性，所含评价信息较小应该予以删除。

4.2.2 指标筛选过程与结果

在进行因子分析时，首先要对指标进行检验，以此来判断是否适合因子分析，常见的检验方法有相关系数判定法、巴特利特球形检验、KMO检验（抽样适合性检验）和反映像相关矩阵检验，本书采用KMO检验（抽样适合性检验）和巴特利特球形检验，对初步选取产出指标进行检验。因此，本书依据上述步骤，将标准化后的数据导入SPSS22软件，对产出指标进行KMO检验和巴特利特球形检验，其检验结果见表4-2。

表4-2　**产出指标KMO统计量和巴特利特球形检验结果**

检验方法	内容	取值
KMO检验（抽样适合性检验）	参数	0.792
巴特利特球形检验	近似卡方	740.280
	自由度	78
	显著性	0.000

KMO检验用于判断变量间的相关性，KMO值的取值范围为[0，1]，一般来讲，KMO值<0.5，说明不适合进行因子分析，0.5≤KMO值≤0.7，适合做因子分析，KMO值>0.7，效果最好，非常适合做因子分析。由表4-2可以看出，产出指标的KMO统计量为0.792大于0.5，表明变量之间存在共性因子，适合做因子分析，巴特利特球形检验的显著性为0.000，小于0.05，说明指标间具有相关性，适合做因子分析。

本书应用主成分分析法提取公因子，以特征值大于1作为标准，根据方差贡献率和特征根确定公因子个数，见表4-3和图4-1。

表4-3　　　　**因子方差贡献率**

成分	总计	初始特征值方差百分比	累积%	总计	提取载荷平方和方差百分比	累积%	总计	旋转载荷平方和方差百分比	累积%
1	8.670	66.692	66.692	8.670	66.692	66.692	5.593	42.605	42.605
2	2.170	16.692	83.385	2.170	16.692	83.385	5.301	40.779	83.385
3	0.992	7.633	91.017						
4	0.479	3.682	94.700						
5	0.250	1.926	96.626						
6	0.203	1.565	98.191						
7	0.094	0.724	98.915						
8	0.066	0.507	99.422						
9	0.038	0.295	99.717						
10	0.019	0.144	99.861						
11	0.015	0.116	99.977						
12	0.003	0.020	99.997						
13	0.000	0.003	100.000						

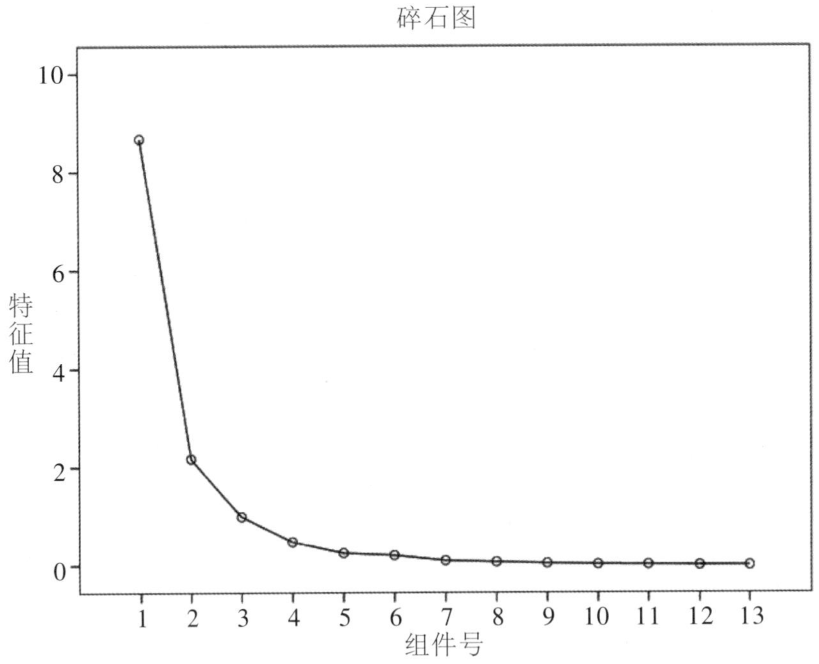

图 4-1　因子分析碎石图

从表 4-3 和图 4-1 可以看出，本书通过因子分析法提取了两个公因子，其累积方差贡献率为 83.385%，大于 80%，这表明可以用这两个公因子来充分解释原始变量，并且在进行因子旋转后，累积方差贡献率不变。

最后，本书将初始因子载荷矩阵进行方差最大正交旋转，通过因子旋转，使得每个变量尽可能在较少变量中有较高的载荷，产出指标旋转后的成分矩阵见表 4-4。

从表 4-4 可以看出，财政性科研产出第一个公因子依次在 Y12（硕博毕业人数）、Y2（出版科技专著数）、Y8（技术市场合同成交数）、Y3（科技项目课题数）、Y1（发表科技论文数）、

表4-4 **产出指标旋转成分矩阵**

	成分		
	1	2	
Y12（硕博毕业人数）	0.975	0.074	
Y2（出版科技专著数）	0.917	0.222	
Y8（技术市场合同成交数）	0.867	0.263	
Y3（科技项目课题数）	0.843	0.466	
Y1（发表科技论文数）	0.837	0.481	
Y13（全社会劳动生产率）	0.790	0.074	
Y10（高新技术产业新产品销售收入）	0.222	0.950	
Y11（高新技术产业主营业务收入）	0.279	0.927	
Y6（专利申请授权数）	0.368	0.918	
Y5（专利申请受理数）	0.399	0.909	
Y9（高新技术产业增加值）	0.313	0.881	
Y7（技术市场合同成交额）	0.662	0.678	
Y4（登记重大科技成果数）	-0.023	0.239	
提取方法：主成分分析法 旋转方法：凯撒正态化最大方差法			
a. 旋转在 3 次迭代后已收敛			

Y13（全社会劳动生产率）上有较高载荷，记为F1；第二个公因子依次在Y10（高新技术产业新产品销售收入）、Y11（高新技术产业主营业务收入）、Y6（专利申请授权数）、Y5（专利申请受理数）、Y9（高新技术产业增加值）、Y7（技术市场合同成交额）上有较高载荷，记为F2。Y4（登记重大科技成果数）的载荷在两个因子上占比都较低，所以应删除。

尽管Y8在第一个公因子上有较高的载荷，Y5和Y6在第二个公因子上有较高的载荷，但是，很明显，第一个公因子在指标Y8（技术市场合同成交数）、Y12（硕博毕业人数）、Y2（出版科技专著数）、Y3（科技项目课题数）、Y1（发表科技论文数）、Y13（全社会劳动生产率）上的实际意义不好解释；第二个公因子在指标Y5（专利申请受理数）、Y6（专利申请授权数）、Y10（高新技术产业新产品销售收入）、Y11（高新技术产业主营业务收入）、Y9（高新技术产业增加值）、Y7（技术市场合同成交额）上的实际意义不好解释，这说明所选择的指标并不是很理想，需进一步完善。

根据经验判断以及命名需要，因此剔除Y5、Y6、Y8等指标，并增加新指标Y14（发明专利有效数），进行第二轮因子分析筛选指标。

第二轮因子分析KMO检验和巴特利特球形检验结果见表4-5，因子方差贡献率见表4-6，特征根碎石图见图4-2。

表4-5　第二轮因子分析KMO统计量和巴特利特球形检验结果

检验方法	内容	取值
KMO检验（抽样适合性检验）	参数	0.808
巴特利特球形检验	近似卡方	505.139
	自由度	45
	显著性	0.000

表4-6　第二轮因子方差贡献率

成分	总计	初始特征值方差百分比	累积%	总计	提取载荷平方和方差百分比	累积%	总计	旋转载荷平方和方差百分比	累积%
1	7.333	73.326	73.326	7.333	73.326	73.326	4.691	46.912	46.912
2	1.663	16.628	89.955	1.663	16.628	89.955	4.304	43.042	89.955
3	0.449	4.486	94.441						
4	0.249	2.492	96.933						
5	0.108	1.075	98.008						
6	0.083	0.832	98.841						
7	0.058	0.584	99.425						
8	0.039	0.393	99.818						
9	0.015	0.146	99.964						
10	0.004	0.036	100.000						

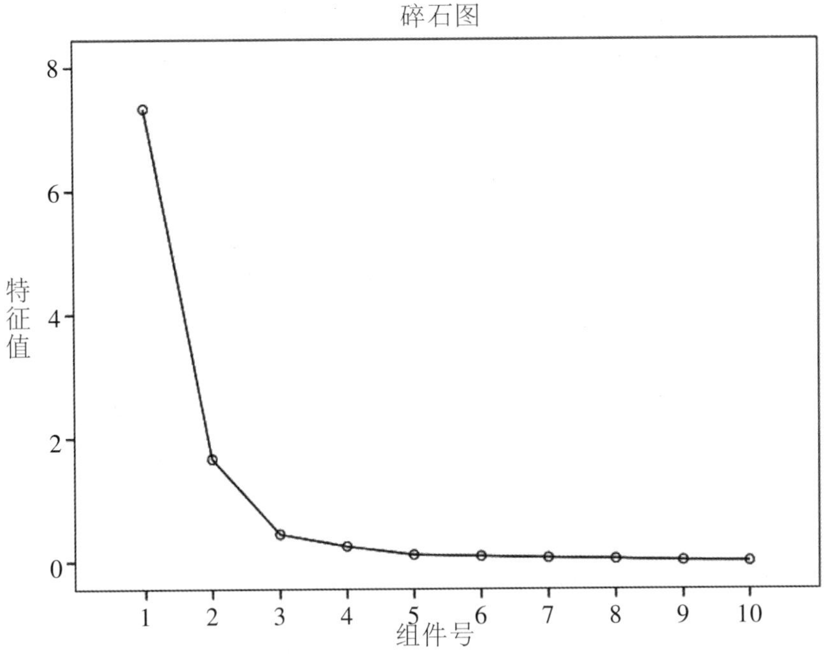

图4-2 第二轮因子分析碎石图

从表4-5可以看出，第二轮因子分析产出指标KMO值为0.808，巴特利特球形检验显著性为0.000，表明所选指标非常适合因子分析。根据表4-6、图4-2可知，其累积方差贡献率为89.955，对其进行因子旋转，且在因子旋转后保持不变，表明所提取的因子可以充分解释原始变量。第二轮因子旋转成分矩阵见表4-7。

根据表4-7分析可得，第二轮因子分析中，第一个公因子依次在Y12（硕博毕业人数）、Y2（出版科技专著数）、Y13（全社会劳动生产率）、Y3（科技项目课题数）、Y1（发表科技论文数）、Y14（发明专利有效数）上有较大载荷，都属于同一大类，

表4-7　　第二轮产出指标旋转成分矩阵

	成分		
	1	2	
Y12（硕博毕业人数）	0.964	0.148	
Y2（出版科技专著数）	0.896	0.287	
Y13（全社会劳动生产率）	0.825	0.098	
Y3（科技项目课题数）	0.814	0.514	
Y1（发表科技论文数）	0.793	0.543	
Y14（发明专利有效数）	0.698	0.671	
Y10（高新技术产业新产品销售收入）	0.165	0.970	
Y11（高新技术产业主营业务收入）	0.221	0.955	
Y9（高新技术产业增加值）	0.244	0.892	
Y7（技术市场合同成交额）	0.605	0.731	
提取方法：主成分分析法 旋转方法：凯撒正态化最大方差法			
a. 旋转在 3 次迭代后已收敛			

反映了科研项目社会效益方面的产出，故可以将其命名为社会性产出；第二个公因子依次在Y10（高新技术产业新产品销售收入）、Y11（高新技术产业主营业务收入）、Y9（高新技术产业增加值）、Y7（技术市场合同成交额）上有较大载荷，属于同一大类，反映了科研项目的经济效益性产出，故可以将其命名为经济性产出。

4.3 评价指标体系构建

4.3.1 SBM指标体系构建

依据上述的指标选取原则，在借鉴相关学者研究的基础上，考虑湖北省财政性科研项目产出的实际情况，本书通过因子分析进行两轮指标筛选，并将提取的公因子分别命名为社会性产出和经济性产出，构建SBM指标体系，如表4-8所示。

表4-8 SBM指标体系

<table>
<tr><th>一级指标</th><th>二级指标</th><th>序号</th><th>三级指标</th><th>单位</th></tr>
<tr><td rowspan="2">投入</td><td>经费投入</td><td>X1</td><td>财政性R&D经费支出</td><td>亿元</td></tr>
<tr><td>人员投入</td><td>X2</td><td>R&D从业人员人数</td><td>人</td></tr>
<tr><td rowspan="10">产出</td><td rowspan="6">社会性产出</td><td>Y1</td><td>发表科技论文数</td><td>篇</td></tr>
<tr><td>Y2</td><td>出版科技专著数</td><td>种</td></tr>
<tr><td>Y3</td><td>科技项目课题数</td><td>项</td></tr>
<tr><td>Y12</td><td>硕博毕业人数</td><td>人</td></tr>
<tr><td>Y13</td><td>全社会劳动生产率</td><td>%</td></tr>
<tr><td>Y14</td><td>发明专利有效数</td><td>件</td></tr>
<tr><td rowspan="4">经济性产出</td><td>Y7</td><td>技术市场合同成交额</td><td>亿元</td></tr>
<tr><td>Y9</td><td>高新技术产业增加值</td><td>亿元</td></tr>
<tr><td>Y10</td><td>高新技术产业新产品销售收入</td><td>亿元</td></tr>
<tr><td>Y11</td><td>高新技术产业主营业务收入</td><td>亿元</td></tr>
</table>

4.3.2 BP神经网络指标体系构建

本书借鉴相关学者（俞立平，2009）的研究，从配置比例与投入强度两方面选取绩效评价的相对指标。配置比例选用财政性R&D经费支出占财政支出的比重（Z1）及R&D人员占科技活动人员的比重（Z2）代表科研支出在财力、人力中所占的比重。投入强度选用财政性R&D经费支出占地区生产总值的比重（Z3）及人均财政性R&D经费（Z4）代表各地区依据自身实际条件在科研上所做的投入比例。由于BP神经网络需要训练样本及相应的导师值，因此选取基于SBM模型计算得出的绩效结果作为导师值指导训练BP神经网络，所构建的相对指标体系（BP神经网络指标体系）如表4-9所示。

表4-9 BP神经网络指标体系

一级指标	二级指标	三级指标	序号
输入指标	配置比例	财政性R&D经费支出占财政支出的比重	Z1
		R&D人员占科技活动人员的比重	Z2
	投入强度	财政性R&D经费支出占地区生产总值的比重	Z3
		人均财政性R&D经费	Z4
输出指标		SBM绩效结果	Q1

财政性R&D经费支出占财政支出的比重（Z1）：财政性

R&D经费支出只能反映湖北省对于财政科技资金拨款的总体情况，并不能反映科技部门的科研经费结构，财政性R&D经费支出占财政支出的比重可以反映一个地区或国家重视与支持科研的程度。

R&D人员占科技活动人员的比重（Z2）：用于反映科技活动人员直接参与研究开发的人员比例，该比例越大，研发人员投入能力越强，研发效率相对要越高。

财政性R&D经费支出占地区生产总值的比重（Z3），即R&D经费政府资助强度或R&D经费政府投入强度：用于衡量某地区政府对该地区科研的投入力度，财政性地区生产总值经费支出占GDP的比重越大，说明政府对科研的资助力度越大。

人均财政性R&D经费（Z4）：即财政性R&D经费支出与R&D从业人员的比值，客观衡量了一个地区财政性科研经费的人均占比，直观反映地方科研实力，人均政府科研费用越高，地方科研实力越强。

SBM绩效结果（Q1）：BP神经网络方法构建的评估指标体系需要事先提供相应的导师值（产出指标），方法自身无法提供。主观方法确定导师值不易使人信服，因此，采用SBM绩效结果作为BP神经网络指标体系的导师值，不仅可以弥补BP神经网络缺乏导师值这一不足，还可以修正与完善SBM模型的绩效评估结果，以得到更为精准的绩效测度结果。

第5章　财政性科研项目产出时滞效应分析

财政性科研项目的产出绩效，包括科研项目的社会性产出、经济性产出及产出效率三方面。

第4章的因子分析结果表明，可以用发表科技论文数、出版科技专著数、科技项目课题数、发明专利有效数、硕博毕业人数、全社会劳动生产率等作为湖北省财政性科研项目的社会性产出测度指标，用技术合同市场成交额、高新技术产业增加值、高新技术产业新产品销售收入、高新技术产业主营业务收入作为经济性产出测度指标。

本书中的各类经济性产出指标和社会性产出指标数据，是根据当年湖北省财政性科研支出占全社会R&D经费的占比，折算后，利用投入产出理论测算的产出值。同样，利用SBM模型测算财政性科研项目的投入产出效率时，涉及的投入产出数据都是折算后的统计数据（见4.3节、4.4节），后文不再另作说明。

5.1 财政性科研项目产出分析

5.1.1 社会性产出

湖北省财政性科研投入所取得的社会性产出成果主要通过发表科技论文数、出版科技专著数、科技项目课题数、发明专利有效数、硕博毕业人数以及全社会劳动生产率等指标反映。

论文发表情况是知识创造成果的体现，是衡量科研活动产出的重要指标之一，本书所探讨的内容主要指的是财政性科研投入所发表科技论文数，以此来体现科研项目的科技成果产出。

如图5-1所示，2011—2020年间，湖北省财政性科研投入所发表的科技论文数年均增长率为1.59%，湖北省财政性科研投入所发表的科技论文数在2015—2020年增长速度较快，其发表高峰期为2020年，财政性科研投入所发表科技论文数为49 148篇，而在2018—2019年间，发表科技论文数略微下降，这与近几年来我国不断重视科研论文质量有关。高水平论文的数量可以较好地反映科研产出绩效。

湖北省作为科教大省，最近几年也开始重视科研论文的质量，所以在此阶段科研论文的产出数量略有下降。

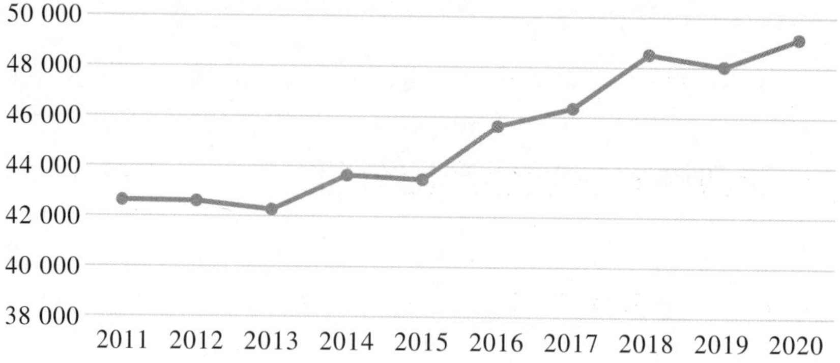

图5-1 所发表的科技论文情况（单位：篇）

数据来源：根据《湖北省统计年鉴》和《中国科技统计年鉴》整理得出。

出版科技专著数从侧面一定程度上可以反映湖北省的科学研究水平。

随着对财政性科研投入的增加，整体上出版科技专著数呈现增加的趋势，如图5-2所示。

从湖北省财政性科研投入所出版的科技专著数量总体来看，2011—2020年湖北省财政性科研投入所出版的科技专著数总量变化不稳定。

从年均增长率来看，2011—2020年财政性科研投入所出版的科技专著数年均增长率为1.78%，虽然出版科技专著数年增长率在多个年份有所下降，但总体上，出版科技专著数总量呈现缓慢增加趋势，这间接表明湖北省科研项目的产出水平在逐渐提高。

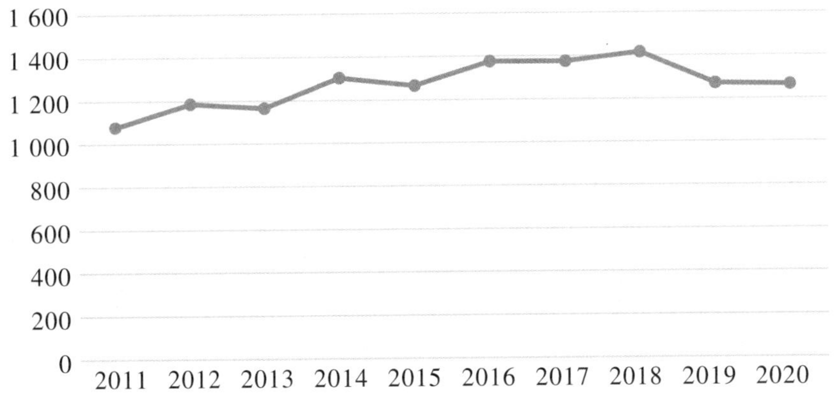

图5-2　出版科技专著情况（单位：册）

数据来源：根据《湖北省统计年鉴》和《中国科技统计年鉴》整理得出。

从图5-3可以看出，在2011—2020年间，湖北省科技项目课题数上升趋势明显，由2011年的6 931项提升到2020年的11 267项。从变化趋势来看，2011—2014年湖北省科技项目课题数的增速较为平稳，2014—2017年的增速较为缓慢，随后2017—2020年呈现高速增长的趋势，在2020年科研项目课题数达到最多的11 267件。其中，在2019年湖北省科研项目课题数增长率最高，达到13.15%，这也从侧面说明湖北省财政性科研投入对于科研活动的激励作用比较明显，科研人员的科研热情和信心在渐渐提升。因此，湖北省应继续完善科研激励机制，出台进一步优化科研基础设施的相关政策，提升科研人员福利待遇，加大科研激励力度，吸引更多海内外高水平科技人才，攻克中国当前“卡脖子”的技术难题，提升湖北省科研实力，助推湖北省科技强省建设。

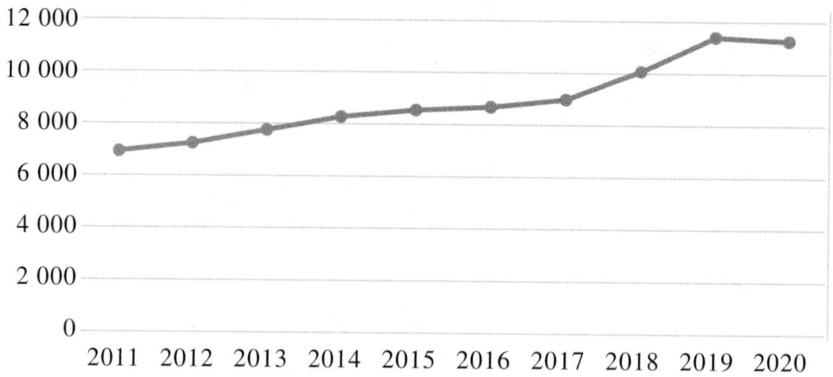

图5-3　科技项目课题情况（单位：项）

数据来源：根据《湖北省统计年鉴》和《中国科技统计年鉴》整理得出。

2011—2020年湖北省发明专利有效数情况，如图5-4所示。发明专利的技术含量高、创新价值大、核心竞争力强，因此最能体现自主创新能力，是一个地方科技资产的核心和最富经济价值的资源，也是衡量一个地方综合科技实力的重要标志。2011—2020年期间，湖北省发明专利有效数不断增加，从2011年的2 660件，到2020年攀升至22 064件，年平均增长率为26.49%，特别是2016—2020年，专利有效数大幅度快速增加。这说明，湖北省科研产出中的专利有效数在不断增加，各项财政科技政策成效比较明显，高质量科技成果在显著提升。

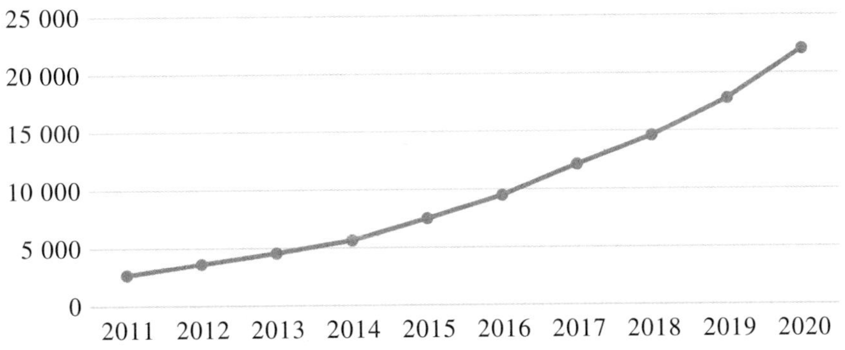

图5-4　发明专利有效数情况（单位：件）

数据来源：根据《湖北省统计年鉴》和《中国科技统计年鉴》整理所得。

硕博毕业人数和全社会劳动生产率可以直接反映财政性科研投入对社会效益贡献的情况，是衡量湖北省财政性科研投入社会效益的重要指标。

由图5-5可以看出，湖北省全社会劳动生产率在2011—2020年整体上呈现稳步增长趋势；从增长速率来看，2017—2019年增长较快，在2019年达到峰值，年增长率为17.46%。

湖北省财政性科研投入所培养的硕博毕业人数总量在2011—2020年总体呈现先上升、后下降、再上升的趋势。其中在2016—2020年期间，增长趋势较为明显，硕博毕业人数总量在2020年达到峰值，增速达到16.68%；但在2011—2013年，增长速率却较为缓慢，甚至在2013—2014年间出现负增长；2015—2017年增长缓慢。

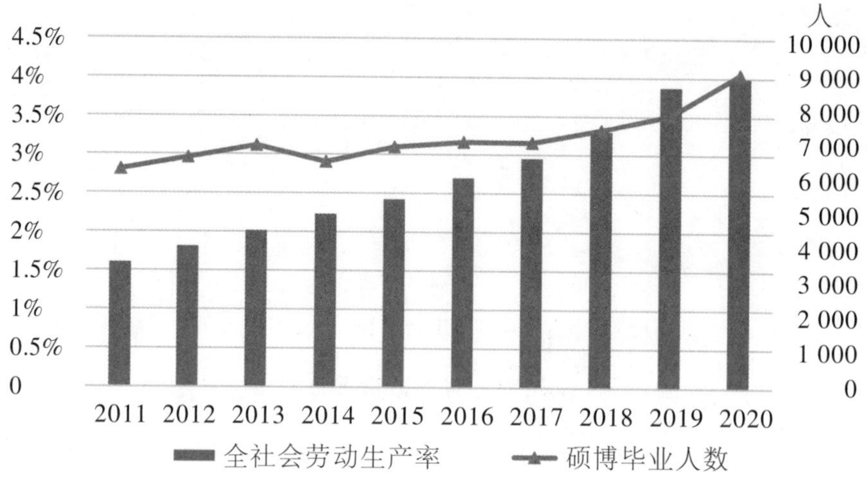

图 5-5　全社会劳动生产率和硕博毕业人数

数据来源：根据《湖北省统计年鉴》和《中国科技统计年毕业人数鉴》整理得出。

注：彩色图片详见下方二维码。

5.1.2　经济性产出

科研成果的最终目的就是转化为实际生产力，技术市场交易额直接反映了出售专利或技术转让所获得的收入，能够表征科技成果的物化水平，高新技术产业是国民经济的战略性先导产业，通过它可以很好地衡量产业的产出效益。前文的因子分析表明，这两类指标能够比较合理地衡量科技转化为现实生产力后的直接经济效果，因此本书以各类技术市场合同成交金额、高新技术产业增加值、高新技术产业主营业务收入、高新技术产业新产品销售收入表示经济性产出。

由图5-6可以看出，各项经济性产出指标上升趋势明显，并且变化趋势较为相似。2011—2020年期间，湖北省技术市场和高新技术产业一直处于稳定增长的态势，技术市场合同成交额由2011年的8.634亿元，上升至2020年的140.346亿元，增加了15.26倍。

高新技术产业增加值由2011年的1 536.847亿元，上升至2020年的2 564.96亿元，增加了0.67倍。高新技术产业新产品销售收入由2011年的64.404亿元，到2020年上升至386.786亿元，增加了5倍。

高新技术产业主营业务收入由2011年的310.413亿元，到2020年增加到了905.592亿元，增加了1.91倍。

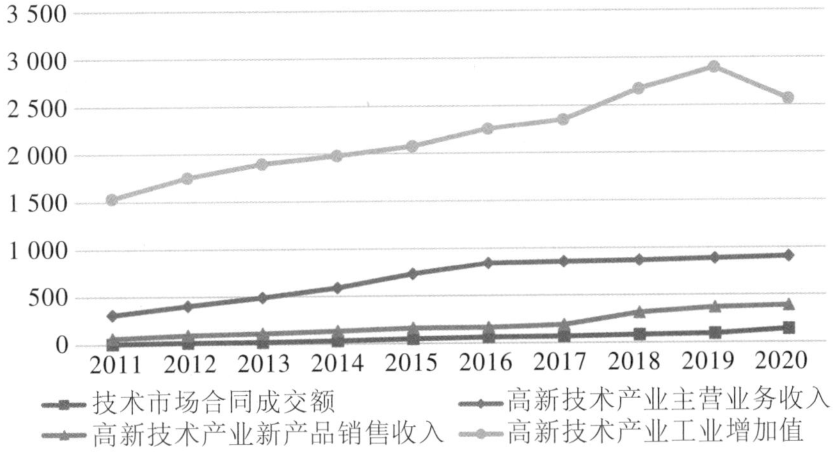

图5-6　2011—2020年湖北省财政性科研项目的经济效益（单位：亿元）

数据来源：根据《湖北省统计年鉴》以及《中国科技统计年鉴》整理得出。

注：彩色图片详见下方二维码。

10年间，湖北省财政性科研项目经济性产出的快速增加，主要是得益于近些年湖北省对科技的扶持力度不断加大、科技人才及资金的积累，这也说明了在科技与要素的双轮驱动下，湖北省产业结构的调整取得了一定的成效，湖北省应继续加大公共财政对科研活动的支持力度。

本书通过对2011—2020年湖北省财政性科研项目经济性产出与社会性产出指标变化趋势分析发现，总体上，财政性科研项目的经济性产出与社会性产出呈快速增加的趋势，社会性效果明显要高于经济性效果；特别是近几年，各项产出增长较快。这也说明，随着近些年财政对科研活动资助力度的加大，财政资助科研活动的经济社会效果开始显现。但经济性产出和社会性产出的产出效率尚不明确，需要进一步分析湖北省财政性科研项目的产出效率，以全面、准确地把握湖北省财政性科研项目的产出绩效，为优化湖北省财政性科研支出结构、提高财政性科研资金配置效率、助推湖北省整体科技事业高水平发展提供理论支撑。

5.2 产出时滞效应分析

通过前文因子分析，本书以发表科技论文数、出版科技专著数、科技项目课题数、发明专利有效数、硕博毕业人数、全社会劳动生产率作为湖北省财政性科研项目的社会性产出测度指标；以技术合同市场成交额、高新技术产业增加值、高新技术产业新产品销售收入、高新技术产业主营业务收入作为经济性产出测度指标。

由于政策、市场、技术等多种复杂因素的影响，科研项目投入到产出需要一个过程，产出普遍存在一个滞后期，不同的产出滞后期各不相同。

因此，研究财政性科研项目产出绩效评估时，必须考虑时滞效应问题。

5.2.1 计量模型设定与变量选取、数据来源

1）计量模型设定

以发明专利为例，当年的发明专利有效数不仅受到同期财政性R&D经费支出的影响，还受到其前期经费投入的影响。

根据不同来源的R&D经费占比及“投入—产出”理论，本书以与湖北省财政性科研支出相对应估算出的发明专利有效数作为产出指标，以财政性R&D经费支出作为投入指标，推算出发明专利有效数的滞后期，建立了以湖北省发明专利有效数为被解

释变量的分布滞后模型：

$$P_t = \partial + \sum_{i=0}^{k}\beta_i D_{t-i} + \varepsilon_t \qquad \text{（式5-1）}$$

在上述回归方程中，被解释变量P_t表示t时期的湖北省发明专利有效数；D_{t-i}表示t-i时期的财政性R&D经费支出；ε_t表示t时期的随机误差项。

由于（式5-1）中i=0，…，k，因此它们可以反映从t-k时期到t时期各个时期的财政性R&D经费支出对发明专利有效数的影响，从而揭示其对发明专利有效数的滞后效应。

2）模型估计方法

借鉴孙旭（2006）对于多项式分布滞后模型共线性的研究，（式5-1）在进行参数估计时，其滞后变量之间可能存在高度线性相关，即存在高度的多重共线性，如果直接用最小二乘法估计则无法得到最佳无偏估计量，不能揭示各期滞后量对被解释变量的影响。目前非常流行的一种处理方法是将（式5-1）转换为多项式分布滞后模型或称阿尔蒙（Almon）滞后模型，对变换后的模型作估计，最后再还原回（式5-1），得到各期滞后变量的回归系数。

对于分布滞后模型的估计，本书采用阿尔蒙法。阿尔蒙法是由阿尔蒙于1965年提出的，其基本原理是在分布滞后期长度k已知的情况下，把滞后项系数看成相应滞后期i的函数。为了说明这一方法，可以简单地建立如（式5-2）所示的分布滞后模型：

$$Y_t = \partial + \beta_0 X_t + \beta_1 X_{t-1} + \beta_2 X_{t-2} + \cdots + \beta_k X_{t-k} + u_t \qquad \text{（式 5-2）}$$

将（式 5-2）中的滞后项系数看成滞后期函数，做阿尔蒙多项式变换后，可以得到（式 5-3）：

$$\beta_i = \alpha_0 + \alpha_1 i^1 + \alpha_2 i^2 + \cdots + \alpha_m i^m \qquad i=0, \cdots, k \qquad \text{（式 5-3）}$$

将变换后的多项式代入（式 5-3）中，并经过整理后可以得到（式 5-4）：

$$Y_t = \partial + \alpha_0 \left(X_t + X_{t-1} + X_{t-2} + \cdots + X_{t-k}\right) + \alpha_1 \left(X_{t-1} + 2X_{t-2} + 3X_{t-3} + \cdots + kX_{t-k}\right) + \alpha_2 \left(X_{t-1} + 2^2 X_{t-2} + 3^2 X_{t-3} + \cdots + k^2 X_{t-k}\right) + \alpha_m \left(X_{t-1} + 2^m X_{t-2} + 3^m X_{t-3} + \cdots + k^m X_{t-k}\right) + u_t \qquad \text{（式 5-4）}$$

对（式 5-4）进一步整理后，可以得到（式 5-5）：

$$Y_t = \partial + \alpha_0 Z_{0t} + \alpha_1 Z_{1t} + \alpha_2 Z_{2t} + \alpha_m Z_{mt} + u_t \qquad \text{（式 5-5）}$$

其中：

$$Z_{0t} = X_t + X_{t-1} + X_{t-2} + \cdots + X_{t-k}$$

$$Z_{1t} = X_{t-1} + 2X_{t-2} + 3X_{t-3} + \cdots + kX_{t-k}$$

$$Z_{2t} = X_{t-1} + 2^2 X_{t-2} + 3^2 X_{t-3} + \cdots + k^2 X_{t-k}$$

$$Z_{mt} = X_{t-1} + 2^m X_{t-2} + 3^m X_{t-3} + \cdots + k^m X_{t-k}$$

模型（式 5-5）用最小二乘法进行估计。将估计出来的结果代入（式 5-3）后，就可以求出各个时期 X 变动对 Y 的影响。

在采用阿尔蒙法对分布滞后模型进行估计时，需要首先确定滞后期长度 k 以及阿尔蒙多项式的次数 m，可以先从一个很大的

k值开始，然后观察模型的拟合优度，看是否随着k的减小而恶化。如果没有恶化则说明滞后期长度可以进一步减小，如果出现恶化则说明当前滞后期长度已经比较合适。而阿尔蒙多项式的次数m通常取得较小，一般取2或3。这是因为，如果m取得过大则达不到通过阿尔蒙多项式变换减少变量个数的目的。

通常可以根据AIC和SC准则（即AIC和SC最小原则）来确定m取值，在滞后期长度相同的情况下，取AIC和SC值较小的m作为多项式次数，根据AIC和SC最小原则选择最佳的滞后期长度。本书通过对各模型的比较最终确定湖北省财政性科研成果数量的分布滞后模型为：

$$P_t = \partial + \beta_0 D_t + \beta_1 D_{t-1} + \beta_2 D_{t-2} + \beta_3 D_{t-3} + \varepsilon_t \quad \text{（式5-6）}$$

在（式5-6）中，P_t表示湖北省当期发明专利有效数；D_t表示当期的财政性R&D经费支出；D_{t-1}、D_{t-2}、D_{t-3}分别表示前一期、前两期、前三期的财政性R&D经费支出；ε_t表示随机误差项。

3）样本来源、变量选取与数据说明

本书选取2011—2020年湖北省发明专利有效数、财政性R&D经费支出的时间序列数据对（式5-6）的分布滞后模型进行回归分析，数据分析利用Eviews10.0软件进行。通过因子分析法对各项指标进行筛选，确定了以财政性R&D经费作为投入指标来研究湖北省发明专利有效数滞后效应，样本范围为湖北省，样本变量的时间跨度为2011—2020年。

P表示湖北省发明专利有效数；D表示湖北省财政性R&D经费投入，根据《湖北省统计年鉴》《中国科技统计年鉴》，在来自政府投入的财政性R&D经费中剔除了中央所属（国家科技项目、中央或国务院所属课题）经费计算整理。上述各个变量的数据，以及计算各个变量的所需数据，主要来源于历年《中国统计年鉴》《中国科技统计年鉴》以及各省市统计年鉴。

由于地级市财政性科研项目的产出相关数据普遍缺失（官方没有统计），为便于测算地级市财政性科研项目的产出绩效及其滞后效应，根据数据的可获得性，结合官方统计数据，用发明专利授权数、全社会劳动生产率表示地级市财政性科研项目的社会性产出指标，以高新技术产业增加值表示经济性产出指标。（下文涉及地级市有关计算的章节与之相同，不再另作说明）

5.2.2 回归分析

1）平稳性检验

本书采用的数据是时间序列数据，所以在进行回归分析之前，首先对其进行平稳性检验。平稳性检验使用单位根检验的方法，检验结果如表5-1所示。检验结果表明，发明专利有效数、财政性R&D经费支出等变量的对数形式一阶差分结果均在5%或10%的显著性水平下变得平稳，因此，可以认为各个变量存在一阶单整，可以进一步对其进行协整关系检验。

表5-1　　变量单位根检验

变量	T统计量	Prob.	平稳性
$\ln P_t$	7.94	0.061	平稳
$\ln D_t$	10.62	0.012	平稳

2）协整关系检验

为了防止时间序列分析中的伪回归问题，本书运用Johansen协整检验对这2个变量之间的协整关系进行检验。表5-2表明，在5%的显著性水平下，无论是特征根迹检验，还是最大特征根检验，都拒绝存在零个协整向量的假设，而接受至少存在1个协整向量的假设，这意味着财政性R&D经费支出、发明专利有效数这2个变量之间存在长期均衡的关系。

表5-2　　Johansen协整检验

原假设	特征根迹检验		最大特征根检验	
	统计量	Prob.	统计量	Prob.
0个协整向量	80.81	0.000	67.93	0.000
至少有1个协整向量	9.93	0.000	4.05	0.005
至少有2个协整向量	1.53	0.176	0.20	0.850
至少有3个协整向量	0.44	0.675	0.39	0.712

3）滞后期分析

本书参考李璐（2019）的相关研究，运用相关系数法，初步判断滞后期长度s为3，由于多项式次数依据经济理论和实际经验取m=1。根据OLS公式继续对滞后期长度进行调整，依次增加或减少滞后期长度s的数值，判断指标体系的最佳滞后期，Almon滞后分析结果见表5-3。由表5-3可以发现，滞后期长度s为3时AIC和SC同时取得最小值，则判定滞后期为3时模型拟合度最优。

表5-3 Almon滞后分析结果

Equation	R^2	AIC	SC
PDL（X，5，1）	0.915	3.382	3.853
PDL（X，4，1）	0.933	3.341	3.714
PDL（X，3，1）	0.936	2.425	3.579
PDL（X，2，1）	0.928	3.298	3.943

5.2.3 模型估计

对湖北省发明专利有效数的分布滞后模型进行OLS估计，结果如表5-4所示。财政性R&D经费支出对湖北省发明专利有效数存在滞后影响，不仅当期的财政性R&D经费支出会影响发明专利有效数，上期的财政性R&D经费支出也会影响本期的发明专利有效数，但影响强度比当期要弱。这一时滞的产生是因为从科研投资到科研成果产生需要经过很多环节，技术知识的存量转化需要一个积累过程。综上所述，财政性R&D经费支出对发明专利有效数具有显著的正向影响，也就是说财政性R&D经费支出的增加会提高发明专利有效数，财政性R&D经费支出对发明专利有效数有3年的滞后影响，发明专利有效数不仅受当期财政性R&D经费支出的影响，而且还受其前几期的影响，但前几期的影响程度要弱于当期。

表5-4 分布滞后模型回归结果

变量	系数	Prob.
P	0.657	0.012
D_t	0.043	0.001
D_{t-1}	0.042	0.001
D_{t-2}	0.154	0.522
D_{t-3}	0.276	0.196

5.2.4 湖北省财政性科研项目产出时滞效应分析

与发明专利有效数的分布滞后研究过程相似，同理，依次可推算发表科技论文数、出版科技专著数、科技项目课题数等不同社会性产出的滞后期。具体而言，社会性产出如发表科技论文数存在2年的滞后期，出版科技专著数存在3年的滞后期，科技项目课题数存在2年的滞后期，硕博毕业人数存在3年的滞后期，全社会劳动生产率存在2年的滞后期；经济性产出如技术市场合同成交额、高新技术产业增加值等均存在1~3年的滞后期，其中，技术市场合同成交额存在1年的滞后期，高新技术产业增加值存在3年的滞后期，高新技术产业新产品销售收入存在2年的滞后期，高新技术产业主营业务收入存在2年的滞后期。各类产出滞后期如表5-5所示。

表5-5 **产出滞后期**

产出		滞后期（年）
社会性产出	发表科技论文数	2
	出版科技专著数	3
	科技项目课题数	2
	硕博毕业人数	3
	全社会劳动生产率	2
经济性产出	技术市场合同成交额	1
	高新技术产业增加值	3
	高新技术产业新产品销售收入	2
	高新技术产业主营业务收入	2

综上所述，当前湖北省财政性科研项目成果转化普遍存在一定时期的滞后，但其财政性科研成果转化速度加快，成果转化期缩短为1~3年，其中，技术市场合同成交额滞后期为1年，相对于其他科技发达省份，滞后期较短，是其他省市竞相学习的榜样。究其原因，首先，地方政府创新体系可能尚不完备，科研成

果转化机制需进一步优化。

从创新体系整体发挥的功能来看，科研成果在供需之间的转化率，以及其间的匹配与协同度均不高。现实中政府对高校和科研机构的研发支持投入占主导地位，而高校和科研院所的研究重点依然聚焦于论文发表与专利申请，并没有针对企业的技术需求，企业技术的现实需求很难从高校和研发机构获得。

为了保障科研成果产出转化的有序进行，各地在税收优惠、技术市场的运行、创新孵化器的建立等方面都制定了相关的政策措施，对企业、高校和科研院所在产学研合作、新技术合作研发、开放式创新网络建立，以及合作过程中的技术转移等也有相应规定，对各中介组织在科技成果定价和创新成果测度等方面也有相关的规范化方法。但各地不同层次、不同政策之间缺乏相对统一的标准和评价体系。对于科研成果产出问题的认识和建议也限于产学研结合、加强研发投入、保护知识产权等操作性薄弱、缺乏平衡力的温和对策，没有一个总体的、系统的顶层设计。

其次，科研成果创新性有待进一步提高，相关激励政策未能完全发挥作用。在我国目前大环境下，众多高校和科研院所的研究人员，在取得研究成果后普通的做法就是发表论文和申请专利，真正转化实现商业化的只是少部分，更多的处于“闲置”状态。而通过许可或作为合作条件转让给第三方使用的科研成果主要是一般性的成熟技术，更多的是用于产品更新换代开拓市场，无益于关键核心技术突破。

以专利形式呈现的研究成果是技术交易市场的主要技术商品，多年来普遍存在创新少、质量低的现象。事实上，为了保障科技创新活动有序进行，中央和地方政府在高新技术创新税收优惠、技术合作研发、促进技术成果交易等方面都制定了相应的政策，但缺乏对中央与地方、区域间政策协调性的关注，致使政策的实际效果不佳。比如，各地都进行了企业研发补贴，但却忽视了其能否发挥激励创新的作用还高度依赖于企业内在的创新需求与外部的环境。

5.2.5 地级市财政性科研项目产出时滞效应分析

上述研究表明，整体上湖北省不同的科研项目产出存在不同的滞后期。具体到地级市财政性科研投入的产出是否也存在不同的滞后期呢？

本书以湖北省内高新技术企业较多、科技创新发展较快的武汉市、宜昌市、襄阳市、荆州市、十堰市、黄石市为例，进一步分析财政性科研项目不同产出的滞后效应。考虑到地级市相关统计数据的缺失，根据数据的可获得性，本书按官方已公布的现有统计指标数据展开研究。其中，社会性产出中选取发明专利授权数和全社会劳动生产率两个指标，经济性产出仅选取高新技术产业增加值这一个指标，测算地级市财政性科研投入的不同产出的滞后期。

阿尔蒙（Almon）滞后分析需要确定一项投入指标与一项产出指标作为滞后分析的数据样本，以其滞后期作为整个指标体系的滞后期。在具体操作中，根据各项指标发展趋势，选取发展趋势最为接近的一组投入与产出指标作为滞后分析的数据样本。以发明专利有效数作为产出指标，以财政性科研支出作为投入指标，以武汉市为例，构建如（式5-7）所示的分布滞后模型：

$$N_t = \partial + \sum_{i=0}^{k} \gamma_i R_{t-i} + \varepsilon_t \qquad \text{（式5-7）}$$

在（式5-7）中，N_t表示武汉市当期的发明专利授权数；R_{t-i}表示武汉市t-i时期的财政性科研支出；ε_t表示随机误差项。

以下是武汉市的科研项目产出绩效滞后分析。在进行回归分析之前，首先对其进行平稳性检验。平稳性检验使用单位根检验的方法。检验结果见表5-6，发明专利有效数和财政性科研支出等变量的对数形式一阶差分结果均在1%的显著性水平下为平稳时间序列。

表5-6 **变量单位根检验**

变量	T统计量	Prob.	平稳性
$\ln N_t$	6.70	0.001	平稳
$\ln R_t$	4.61	0.002	平稳

经验证，发明专利授权数与财政性科研支出时间序列数据是平稳的，故可以进行Almon滞后分析。但进行Almon滞后分析时需要判断滞后期长度s与多项式次数m。本书参考李璐（2019）的研究，运用相关系数法，初步判断滞后期长度s为2，由于多项式次数m<s，则多项式次数m取1。根据OLS公式继续对滞后期长度进行调整，依次增加滞后期长度s的数值，判断指标体系的最佳滞后期，Almon滞后分析结果见表5-7。由表5-7可以发现，滞后期长度s为3时AIC和SC同时取得最小值，则判定滞后期为3时，模型拟合度是最优的。

表5-7　　　　Almon滞后分析结果

Equation	R^2	AIC	SC
PDL（X，5，1）	0.928	4.327	4.419
PDL（X，4，1）	0.932	4.175	4.263
PDL（X，3，1）	0.941	3.579	3.964
PDL（X，2，1）	0.915	3.781	4.156

对武汉市发明专利授权数和财政性科研支出的分布滞后模型进行OLS估计，结果如表5-8所示。财政性科研支出对发明专利授权数存在滞后影响，不仅当期的财政性科研支出会影响发明专利有效数，上期的财政性科研支出也会影响本期的发明专利有效数，但影响强度要比当期要弱。这一时滞的产生可能是因为从财政经费投入到科研成果转化中间经过很多环节，技术知识的存量

需要一个积累过程。

表5-8 **分布滞后模型回归结果**

变量	系数	Prob.
N	1.539	0.002
R_t	0.538	0.000
R_{t-1}	0.021	0.037
R_{t-2}	0.156	0.416
R_{t-3}	0.146	0.294

同理，依次可推算出武汉市全社会劳动生产率存在1年的滞后期；高新技术产业增加值存在2年的滞后期。与武汉市的分布滞后研究过程相同，同样也可依次估算出宜昌市、襄阳市、荆州市、十堰市、黄石市这些地级市财政性科研项目不同产出的滞后期，具体估算结果如表5-9所示。

表5-9 **各地级市滞后期**

<table>
<tr><th>地级市</th><th colspan="2">产出</th><th>滞后期（年）</th></tr>
<tr><td rowspan="3">武汉市</td><td rowspan="2">社会性产出</td><td>发明专利授权数</td><td>3</td></tr>
<tr><td>全社会劳动生产率</td><td>1</td></tr>
<tr><td>经济性产出</td><td>高新技术产业增加值</td><td>2</td></tr>
<tr><td rowspan="3">宜昌市</td><td rowspan="2">社会性产出</td><td>发明专利授权数</td><td>4</td></tr>
<tr><td>全社会劳动生产率</td><td>2</td></tr>
<tr><td>经济性产出</td><td>高新技术产业增加值</td><td>2</td></tr>
<tr><td rowspan="2">襄阳市</td><td rowspan="2">社会性产出</td><td>发明专利授权数</td><td>3</td></tr>
<tr><td>全社会劳动生产率</td><td>2</td></tr>
</table>

续表

地级市	产出		滞后期（年）
	经济性产出	高新技术产业增加值	1
荆州市	社会性产出	发明专利授权数	4
		全社会劳动生产率	2
	经济性产出	高新技术产业增加值	2
十堰市	社会性产出	发明专利授权数	4
		全社会劳动生产率	2
	经济性产出	高新技术产业增加值	3
黄石市	社会性产出	发明专利授权数	3
		全社会劳动生产率	2
	经济性产出	高新技术产业增加值	2

通过上述分析发现：

（1）从全省层面看，财政性科研经费对产出的滞后期基本是1~3年，也就是说，存在1~3年的产出转化滞后期，滞后期在缩短。其中，财政性R&D经费支出对社会性产出（发明专利有效数、发表科技论文数、出版科技专著数、科研项目课题数、硕博毕业人数、全社会劳动生产率）和经济性产出（高新技术产业增加值、技术市场合同成交额、高新技术产业新产品销售收入）具有显著的正向影响，这说明湖北省的科技投入与产出整体上处于良性循环中。

（2）湖北省主要地级市如武汉市、宜昌市、襄阳市等的财政性科研项目的社会性产出和经济性产出存在1~4年的滞后期。

（3）从湖北省级层面与地级市层面看，社会性产出和经济性产出都普遍存在滞后期的原因可能是地方政府创新体系尚不完备、项目的产出在供需之间的匹配与协同度不高、科技成果缺乏创新等。

第6章　财政性科研投入效率测度

6.1　基于SBM模型的产出效率测度

6.1.1　SBM模型构建与数据来源

1）SBM模型构建

从投入与产出角度测度科研支出绩效一般有两种方法：参数方法与非参数方法。参数方法首先假定具体的投入产出函数，根据一组投入产出数据，在满足一系列假设的条件下，利用回归分析的方法来估计表达式中的参数；非参数方法则不必假设具体的投入产出函数，以数学规划为工具，依靠分析生产决策单元的输入输出数据来获得相应的效率评价。数据包络分析法（DEA）作为非参数评价方法的代表，将每个被评估主体看作一个决策单元，利用线性规划法对每个决策单元投入和产出要素数据进行分析，通过比较各决策单元对应的点与相对有效前沿面的距离，判断决策单元的绩效结果是否达到最优。DEA法由于其特性，多被用于评估具有多投入、多产出的决策单元（DMU）绩效是否相对有效。财政性科技支出的绩效评价包含对科技进步、经济增长、社会发展三方面的影响，很难确定明确的函数关系。因此本书使用非参数方法DEA-SBM对湖北省财政性科研项目产出绩效进行分析。

常见的DEA模型有两种：基于规模报酬不变的CCR模型和基于规模报酬可变的BCC模型。

CCR模型可以同时评估决策单元的技术效率与规模效率，但CCR模型的使用前提是假设决策单元的规模报酬是不变的，这种假设与现实情况相违背，该方法的适用范围较小。

而基于规模报酬可变的BCC模型在技术效率与纯技术效率的基础上得出规模效率，一定程度上弥补了CCR模型的不足，不仅可以反映决策单元规模效应的情况，还能反映决策单元的技术管理水平，可对绩效结果进行详细分析。但是，CCR模型和BCC模型都属于径向DEA模型，对无效率程度的测量都是对投入、产出等比例的缩减或增加，对于无效决策单元来说，其当前状态与强有效目标值之间的差距，除了等比例改进的部分之外，还包括松弛改进的部分，而径向模型在测量过程中忽视了松弛改进的部分，从而导致得到的绩效值与实际结果有一定的偏差。

基于此，本书使用基于松弛变量的非径向SBM模型，可以有效解决传统径向DEA模型对无效率的测量没有包含松弛变量的问题，也避免了投入产出值同比例增加或缩减所造成的误差，保证了测算结果的准确性。

SBM模型基本形式为：

$$\theta^* = \min\theta = \frac{1 - \frac{1}{m}\sum_{i=1}^{m}\frac{s_i^-}{x_{i0}}}{1 + \frac{1}{s}\sum_{r=1}^{s}\frac{s_r^+}{x_{r0}}} \qquad (式6-1)$$

$$\text{s.t.}\begin{cases} x_{i0} = \sum\limits_{i=1,\ j\neq 0}^{n} \lambda_j x_{ij} + s_i^- \\ x_{r0} = \sum\limits_{i=1,\ j\neq 0}^{n} \lambda_j x_{rj} + s_i^+ \\ \lambda \geqslant 0,\ s^- \geqslant 0,\ s^+ \geqslant 0 \\ i = 1, 2, \ldots, m;\quad r = 1, 2, \ldots, s;\quad j = 1, 2, \ldots, n \end{cases}$$

式6-1中，假设有n个部门或单位，每个部门或单位为一个DMU，即n代表决策单元数（DMU），每个DMU都有m种类型的“投入”以及s种类型的“产出”，$x_j=(x_{1j}, x_{2j}, \ldots, x_{ij})^T>0$为投入向量，$y=(y_{1j}, y_{2j}, \ldots, y_{rj})^T>0$为产出向量。$x_{ij}$表示第j个DMU对第i种投入的投入量，$y_{rj}$表示第j个DMU对第r种产出的产出量，$s_i^-$和$s_r^+$分别代表投入、产出的松弛变量，$\theta^*$为效率值，取值范围在［0，1］之间，λ为权重系数，j为地区。

基于SBM-CRS模型得出DMU综合效率（θ*）；基于SBM-VRS模型得出纯技术效率（C）；规模效率（S）由综合效率与纯技术效率的比值计算得出，表示考虑规模收益时的规模效率。

当θ*为1时，表明各DMU实现了DEA有效，当θ*为1且s^-、s^+同时为0时，说明各DMU实现了DEA强有效；当θ*为1且s^-、s^+不为0时，说明各DMU实现了DEA弱有效；当θ*小于1时，说明各DMU的DEA无效，即非技术有效也非规模有效。

2）数据来源及说明

从科研资金来源或投入来看，本书所研究的湖北省财政性科研项目产出绩效的资金投入，是指全社会R&D资金中剔除了中央财政、企业、海外及高校自有资金等其他来源资金后的“净”资金投入。

从产出来看，本书所研究的湖北省财政性科研项目的产出，是指根据全社会R&D资金中各项来源资金的占比，按照投入产出理论，测算出的湖北省财政性科研项目的产出结果，即剔除中央财政、企业、海外、高校自有资金带来的产出后的“净”产出。

从理论上讲，根据5.2节的测算结果，湖北省财政性科研项目不同的产出分别存在1~3年滞后期；走访及社会调查结果表明，大多数财政性科研项目产出的滞后期为2~3年，甚至有项目产出滞后期为4年，为了使产出效率测度结果更客观、可靠和便于计算，湖北省财政性科研项目产出的滞后期统一取3年。

因此，本书选取2008—2017年的湖北省财政性科研投入的相关数据作为投入指标，以2011—2020年剔除中央财政、企业、海外、高校自有资金带来产出后的“净”产出，作为湖北省财政性科研项目的产出，来测算湖北省财政性科研项目的效率、效益和效果，对于个别缺失数据采用学术界常用的线性插值法进行补齐。

本书数据资料主要来源于《中国统计年鉴》、《中国科技统计年鉴》、《中国城市统计年鉴》、EPS数据库、各省统计年鉴、湖北省各地级市的统计年鉴、湖北省各地级市国民经济和社会发展统计公报以及湖北省各地级市统计局官网。

6.1.2 全省财政性投入产出效率测度

本书选用数据包络分析（DEA）方法中的SBM模型，利用MAXDEA8.0软件对SBM指标体系进行CRS和VRS的数据分析，测算湖北省财政性科研项目产出综合效率和纯技术效率。

SBM模型必须满足的条件是，决策单元的数量至少是投入与产出指标数量和的两倍。

本书研究湖北省产出效率测度时，湖北省2011—2020年投入产出变量共12个，如果以每一年为决策单元，决策单元数

（10个）小于投入产出变量数（12），不满足效率测度的条件要求。为科学有效地估算出湖北省2011—2020年科研项目的产出效率，本书以我国30个省份（西藏除外）为决策单元（决策单元数30大于投入产出变量数12，满足SBM效率测度的条件要求），先测度出我国内地30个省份（西藏除外）2011—2020年的财政性科研项目的投入产出效率，得出我国内地30个省份（西藏除外）2011—2020年财政性科研投入的产出效率面板数据（见表6-1、表6-2、表6-3），然后提取包括湖北省在内的8个省市2011—2020年产出效率的面板数据，重点分析湖北省2011—2020年财政性科研项目产出效率结构及其变化趋势。（7.2节产出效率比较相同，下文不再另作交待）湖北省财政性科研项目产出效率测度结果，包括综合效率和纯技术效率，并依据规模效率=综合效率/纯技术效率，计算出规模效率，结果如表6-4所示。

表6-1　2011—2020年我国内地30个省份财政性科研项目产出综合效率

省份＼年份	2011	2012	2013	2014	2015	2016	2017	2018	2019	2020
北京	1.0000	1.0000	1.0000	1.0000	1.0000	1.0000	1.0000	1.0000	1.0000	1.0000
天津	1.0000	1.0000	1.0000	1.0000	1.0000	0.7557	0.7052	0.5618	0.6361	0.6227
河北	0.6571	0.7060	0.7743	0.7309	0.6983	0.8259	0.8929	0.6888	0.6783	0.6996

续表

省份＼年份	2011	2012	2013	2014	2015	2016	2017	2018	2019	2020
山西	0.5155	0.7338	0.8287	0.7964	0.7534	0.7014	0.9163	1.0000	1.0000	1.0000
内蒙古	1.0000	1.0000	1.0000	1.0000	1.0000	1.0000	1.0000	1.0000	0.9962	1.0000
辽宁	1.0000	0.8593	0.8677	0.8082	0.8037	0.7654	0.8131	0.9603	0.9345	0.8562
吉林	0.9461	1.0000	1.0000	0.9703	1.0000	1.0000	1.0000	1.0000	1.0000	1.0000
黑龙江	0.8971	0.7348	0.8640	0.9829	0.7707	0.8052	0.8904	1.0000	1.0000	1.0000
上海	1.0000	1.0000	1.0000	1.0000	1.0000	0.7937	0.7482	0.7727	0.8400	1.0000
江苏	0.9781	1.0000	1.0000	1.0000	0.9716	0.9149	0.9419	1.0000	1.0000	1.0000
浙江	0.7963	0.8844	0.8004	0.8601	1.0000	1.0000	1.0000	1.0000	1.0000	1.0000
安徽	0.6476	0.6695	0.7590	0.6376	0.6453	0.6946	0.6796	0.7625	0.8671	0.9861
福建	1.0000	1.0000	1.0000	1.0000	1.0000	1.0000	1.0000	1.0000	0.9998	0.9738
江西	1.0000	1.0000	1.0000	1.0000	1.0000	1.0000	1.0000	1.0000	1.0000	1.0000
山东	0.7931	0.8602	0.7854	0.8022	0.7384	0.7933	0.8102	0.7205	0.7749	0.8697
河南	0.7363	1.0000	1.0000	1.0000	1.0000	1.0000	1.0000	1.0000	1.0000	1.0000
湖北	1.0000	0.8632	0.9684	0.7785	0.7945	0.8053	0.8236	0.9237	0.9474	0.8793
湖南	1.0000	0.9315	1.0000	1.0000	0.9056	0.9101	0.9109	1.0000	1.0000	1.0000
广东	1.0000	1.0000	1.0000	1.0000	1.0000	1.0000	1.0000	1.0000	1.0000	1.0000
广西	1.0000	0.9378	0.9433	0.8141	0.8376	1.0000	1.0000	1.0000	1.0000	1.0000

续表

省份 \ 年份	2011	2012	2013	2014	2015	2016	2017	2018	2019	2020
海南	1.0000	1.0000	1.0000	1.0000	1.0000	1.0000	1.0000	1.0000	1.0000	1.0000
重庆	1.0000	1.0000	1.0000	1.0000	1.0000	1.0000	1.0000	1.0000	1.0000	1.0000
四川	0.5439	0.5998	0.6215	0.6231	0.5935	0.6542	0.5874	0.6611	0.6481	0.6907
贵州	1.0000	1.0000	1.0000	1.0000	1.0000	1.0000	1.0000	1.0000	1.0000	1.0000
云南	0.7173	0.8841	1.0000	0.9583	1.0000	1.0000	1.0000	0.8589	0.8435	0.8494
陕西	0.6973	1.0000	1.0000	1.0000	1.0000	0.6805	1.0000	1.0000	1.0000	1.0000
甘肃	0.6600	1.0000	1.0000	1.0000	1.0000	1.0000	1.0000	1.0000	1.0000	1.0000
青海	1.0000	1.0000	1.0000	1.0000	1.0000	1.0000	1.0000	1.0000	1.0000	1.0000
宁夏	1.0000	1.0000	1.0000	1.0000	1.0000	1.0000	1.0000	1.0000	1.0000	1.0000
新疆	0.8051	1.0000	1.0000	1.0000	1.0000	1.0000	1.0000	1.0000	1.0000	1.0000

数据来源：根据测算结果整理得出（注：西藏除外）。

表6-2 **2011—2020年我国内地30个省份财政性科研项目产出纯技术效率**

省份 \ 年份	2011	2012	2013	2014	2015	2016	2017	2018	2019	2020
北京	1.0000	1.0000	1.0000	1.0000	1.0000	1.0000	1.0000	1.0000	1.0000	1.0000
天津	1.0000	1.0000	1.0000	1.0000	1.0000	1.0000	1.0000	1.0000	0.9114	1.0000

续表

省份\年份	2011	2012	2013	2014	2015	2016	2017	2018	2019	2020
河北	1.0000	1.0000	1.0000	1.0000	1.0000	1.0000	1.0000	0.8162	0.8323	0.8378
山西	0.5171	0.7366	0.8340	0.9082	0.7654	0.7127	1.0000	1.0000	1.0000	1.0000
内蒙古	1.0000	1.0000	1.0000	1.0000	1.0000	1.0000	1.0000	1.0000	1.0000	1.0000
辽宁	1.0000	1.0000	1.0000	1.0000	1.0000	0.9529	0.9260	1.0000	1.0000	1.0000
吉林	1.0000	1.0000	1.0000	1.0000	1.0000	1.0000	1.0000	1.0000	1.0000	1.0000
黑龙江	1.0000	0.8157	0.8998	1.0000	0.8305	0.8069	1.0000	1.0000	1.0000	1.0000
上海	1.0000	1.0000	1.0000	1.0000	1.0000	1.0000	1.0000	1.0000	1.0000	1.0000
江苏	1.0000	1.0000	1.0000	1.0000	1.0000	1.0000	1.0000	1.0000	1.0000	1.0000
浙江	1.0000	1.0000	1.0000	1.0000	1.0000	1.0000	1.0000	1.0000	1.0000	1.0000
安徽	0.6707	0.7665	0.8103	0.7429	0.7145	0.7090	0.6907	0.7812	0.8760	0.9879
福建	1.0000	1.0000	1.0000	1.0000	1.0000	1.0000	1.0000	1.0000	1.0000	1.0000
江西	1.0000	1.0000	1.0000	1.0000	1.0000	1.0000	1.0000	1.0000	1.0000	1.0000
山东	1.0000	1.0000	1.0000	1.0000	1.0000	1.0000	1.0000	0.8704	0.9114	1.0000
河南	1.0000	1.0000	1.0000	1.0000	1.0000	1.0000	1.0000	1.0000	1.0000	1.0000
湖北	1.0000	1.0000	1.0000	1.0000	1.0000	1.0000	1.0000	1.0000	1.0000	1.0000
湖南	1.0000	1.0000	1.0000	1.0000	1.0000	1.0000	1.0000	1.0000	1.0000	1.0000

续表

省份＼年份	2011	2012	2013	2014	2015	2016	2017	2018	2019	2020
广东	1.0000	1.0000	1.0000	1.0000	1.0000	1.0000	1.0000	1.0000	1.0000	1.0000
广西	1.0000	1.0000	1.0000	0.9286	1.0000	1.0000	1.0000	1.0000	1.0000	1.0000
海南	1.0000	1.0000	1.0000	1.0000	1.0000	1.0000	1.0000	1.0000	1.0000	1.0000
重庆	1.0000	1.0000	1.0000	1.0000	1.0000	1.0000	1.0000	1.0000	1.0000	1.0000
四川	0.5905	1.0000	1.0000	1.0000	1.0000	1.0000	1.0000	1.0000	1.0000	1.0000
贵州	1.0000	1.0000	1.0000	1.0000	1.0000	1.0000	1.0000	1.0000	1.0000	1.0000
云南	0.7344	1.0000	1.0000	1.0000	1.0000	1.0000	1.0000	0.8594	0.8694	0.9352
陕西	0.7145	1.0000	1.0000	1.0000	1.0000	1.0000	1.0000	1.0000	1.0000	1.0000
甘肃	0.6915	1.0000	1.0000	1.0000	1.0000	1.0000	1.0000	1.0000	1.0000	1.0000
青海	1.0000	1.0000	1.0000	1.0000	1.0000	1.0000	1.0000	1.0000	1.0000	1.0000
宁夏	1.0000	1.0000	1.0000	1.0000	1.0000	1.0000	1.0000	1.0000	1.0000	1.0000
新疆	1.0000	1.0000	1.0000	1.0000	1.0000	1.0000	1.0000	1.0000	1.0000	1.0000

数据来源：根据测算结果整理得出（注：西藏除外）。

表6-3 2011—2020年我国内地30个省份财政性科研项目产出规模效率

省份＼年份	2011	2012	2013	2014	2015	2016	2017	2018	2019	2020
北京	1.0000	1.0000	1.0000	1.0000	1.0000	1.0000	1.0000	1.0000	1.0000	1.0000
天津	1.0000	1.0000	1.0000	1.0000	1.0000	0.7557	0.7052	0.5618	0.6979	0.6227
河北	0.6571	0.7060	0.7743	0.7309	0.6983	0.8259	0.8929	0.8439	0.8150	0.8350
山西	0.9968	0.9962	0.9937	0.8769	0.9842	0.9841	0.9163	1.0000	1.0000	1.0000
内蒙古	1.0000	1.0000	1.0000	1.0000	1.0000	1.0000	1.0000	1.0000	0.9962	1.0000
辽宁	1.0000	0.8593	0.8677	0.8082	0.8037	0.8032	0.8781	0.9603	0.9345	0.8562
吉林	0.9461	1.0000	1.0000	0.9703	1.0000	1.0000	1.0000	1.0000	1.0000	1.0000
黑龙江	0.8971	0.9009	0.9603	0.9829	0.9279	0.9978	0.8904	1.0000	1.0000	1.0000
上海	1.0000	1.0000	1.0000	1.0000	1.0000	0.7937	0.7482	0.7727	0.8400	1.0000
江苏	0.9781	1.0000	1.0000	1.0000	0.9716	0.9149	0.9419	1.0000	1.0000	1.0000
浙江	0.7963	0.8844	0.8004	0.8601	1.0000	1.0000	1.0000	1.0000	1.0000	1.0000
安徽	0.9655	0.8734	0.9366	0.8583	0.9032	0.9796	0.9839	0.9760	0.9898	0.9981
福建	1.0000	1.0000	1.0000	1.0000	1.0000	1.0000	1.0000	1.0000	0.9998	0.9738
江西	1.0000	1.0000	1.0000	1.0000	1.0000	1.0000	1.0000	1.0000	1.0000	1.0000
山东	0.7931	0.8602	0.7854	0.8022	0.7384	0.7933	0.8102	0.8278	0.8502	0.8697

续表

省份＼年份	2011	2012	2013	2014	2015	2016	2017	2018	2019	2020
河南	0.7363	1.0000	1.0000	1.0000	1.0000	1.0000	1.0000	1.0000	1.0000	1.0000
湖北	1.0000	0.8632	0.9684	0.7785	0.7945	0.8053	0.8236	0.9237	0.9474	0.8793
湖南	1.0000	0.9315	1.0000	1.0000	0.9056	0.9101	0.9109	1.0000	1.0000	1.0000
广东	1.0000	1.0000	1.0000	1.0000	1.0000	1.0000	1.0000	1.0000	1.0000	1.0000
广西	1.0000	0.9378	0.9433	0.8766	0.8376	1.0000	1.0000	1.0000	1.0000	1.0000
海南	1.0000	1.0000	1.0000	1.0000	1.0000	1.0000	1.0000	1.0000	1.0000	1.0000
重庆	1.0000	1.0000	1.0000	1.0000	1.0000	1.0000	1.0000	1.0000	1.0000	1.0000
四川	0.9210	0.5998	0.6215	0.6231	0.5935	0.6542	0.5874	0.6611	0.6481	0.6907
贵州	1.0000	1.0000	1.0000	1.0000	1.0000	1.0000	1.0000	1.0000	1.0000	1.0000
云南	0.9768	0.8841	1.0000	0.9583	1.0000	1.0000	1.0000	0.9995	0.9702	0.9083
陕西	0.9761	1.0000	1.0000	1.0000	1.0000	0.6805	1.0000	1.0000	1.0000	1.0000
甘肃	0.9544	1.0000	1.0000	1.0000	1.0000	1.0000	1.0000	1.0000	1.0000	1.0000
青海	1.0000	1.0000	1.0000	1.0000	1.0000	1.0000	1.0000	1.0000	1.0000	1.0000
宁夏	1.0000	1.0000	1.0000	1.0000	1.0000	1.0000	1.0000	1.0000	1.0000	1.0000
新疆	0.8051	1.0000	1.0000	1.0000	1.0000	1.0000	1.0000	1.0000	1.0000	1.0000

数据来源：根据测算结果整理得出（注：西藏除外）。

表6-4　2011—2020年湖北省全省财政性科研项目产出效率分析

年份	综合效率	纯技术效率	规模效率	规模收益
2011	1.0000	1.0000	1.0000	—
2012	0.8632	1.0000	0.8632	drs
2013	0.9684	1.0000	0.9684	drs
2014	0.7785	1.0000	0.7785	drs
2015	0.7945	1.0000	0.7945	drs
2016	0.8053	1.0000	0.8053	drs
2017	0.8236	1.0000	0.8236	drs
2018	0.9237	1.0000	0.9237	drs
2019	0.9474	1.0000	0.9474	drs
2020	0.8793	1.0000	0.8793	drs
均值	0.8784	1.0000	0.8784	

注：综合效率值等于纯技术效率与规模效率的乘积，“drs”和“—”分别表示规模收益递减和规模收益不变。

数据来源：根据测算结果整理得出。

综合效率即财政性科研项目产出的效率，反映的是财政性科研项目产出与实际取得成果之间的投入产出关系；纯技术效率反映在规模报酬可变的条件下，财政性科研项目产出管理方式等内部因素对产出绩效产生的影响；规模效率反映的是如果增加科研投入，其产出将会如何变化，用以衡量科研项目产出规模与要素调整配置之间的关系。规模收益递减指的是增加科研投入，其产出将以低于投入的速度增长；规模收益不变，指的是财政性科研产出的增长速度与投入的增长速度相同；而规模收益递增，则是指产出将以高于财政性科研投入的速度增长。

1）综合效率分析

从表6-4的分析结果可知，整体而言，湖北省的财政性科研项目产出综合效率均值为0.8784，与最优产出效率还有一定差距，说明政府财政性科研投入绩效水平总体相对较高，其分解项纯技术效率和规模效率的均值分别是1.0000和0.8784。由此可见，在驱动综合效率的发展过程中，纯技术效率发挥了主要作用。其中仅有2011年的财政性科研项目产出效率值为1，且投入和产出松弛变量为0，属于DEA强有效，由此表明相对于其他年份，2011年的财政性科研投入与产出达到最佳状态，其投入的利用效率最佳，是未实现DEA完全有效年份的标杆。

2012—2020年的综合效率值均小于1，属于未实现DEA完全有效状态，表明科研资金的单位总产出相对有效，财政性科研资金实现了比较有效的配置，但离最佳效率值1，还有一定的差距，说明极少数年份财政性科研资金并未得到完全有效配置。此外，在综合效率未达到1的年份中，有4个年份的综合效率值高于测度期整体均值，有5个年份的综合效率值低于测度期整体均值，其中2014年综合效率值最低，为0.7785，拉低了测度期内的效率整体水平，整体上看，湖北省科研项目产出效率存在较大的提升空间。从当年综合效率分解项的表现来看，规模效率低是造成综合效率偏低的主要原因。在未实现DEA有效的年份中，其综合效率值与规模效率值保持一致，纯技术效率始终为1，由此可推断，湖北省财政性科研项目产出综合效率很大程度上取决于规模效率的变化。

2）纯技术效率和规模效率分析

从表6-4的结果来看，湖北省财政性科研项目产出纯技术效率均值为1，并且在测度期内各年份均达到1，实现了DEA有效，表明这些年份的财政性科研项目产出效率均实现了纯技术有效，也说明了近些年的财政性科研投入在技术层面得到了有效的利用。由此可见，湖北省政府通过不断提高科研项目管理水平，充分提升了财政性科研项目的产出绩效水平。

湖北省财政性科研项目产出规模效率均值为0.8784，和综合效率保持一致，表明湖北省财政性科研项目产出规模较为合理，规模经济效应较为明显。结合规模收益来看，湖北省在2012—2020年均处于规模收益递减阶段，其纯技术效率为1，规模效率<1，实现了技术有效，但没有实现规模有效，这表明现有的技术水平下财政性科研支出资源已经得到有效利用，科研支出规模

比较合理，但还有较大的优化空间，规模的改变可以带来产出的增加，则需要适当调整投入规模来提升财政性科研项目产出效率，以达到最优状态。对于2011年来讲，其纯技术效率与规模效率的效率值均为1，说明它们同时达到规模有效和技术有效，并且规模收益不变，即财政性科研投入与产出呈同比例增长，如果继续增加财政性科研投入只能使财政性科研产出同比例增长，而不能使其加速增长。

3）非DEA有效年份的投影分析

财政性科研投入的目的是充分发挥政府资金的杠杆作用和引导作用，以更少的投入获得更多的产出，通过上述分析结果仅能得知湖北省在测度期内是否能完全实现DEA有效，以及没有完全实现DEA有效是由于纯技术效率还是规模效率导致，却无法得知各项投入和产出指标的具体情况，更不知道非DEA有效的年份可能改善的方向。为此，需要进一步借助投影分析技术，计算非DEA完全有效年份指标的松弛改进值，深入探究未完全实现DEA有效的年份的投入冗余与产出不足情况。具体投影分析结果如表6-5所示。

“S-”和“S+”分别表示投入指标冗余值与产出指标不足值，从投入方面看，财政性R&D经费支出（X1）和R&D从业人员人数（X2）均存在不同程度的冗余，其中，财政性R&D经费支出在各年略微存在冗余，R&D从业人员人数在2013年和2019年实现最优，资源得到有效利用。

表6-5　　　　非DEA有效年份的投影分析情况

		2012	2013	2014	2015	2016	2017	2018	2019	2020
S-	X1	-12.58	-3.3	-17.41	-19.71	-23.77	-23.96	-9.02	-9.8	-21.36
	X2	-758	0	-18 815	-16 313	-11 722	-8 356	-6 789	0	-8 704
S+	Y1	3171	0	0	0	48	0	0	0	0
	Y2	137	0	0	0	0	0	0	0	0
	Y3	0	190	495	1 639	2 141	2 202	2 844	2 672	3 316
	Y7	33.21	21.47	15.42	15.62	46.37	0	48.77	32.44	0
	Y9	490.4	541.67	130.71	0	361.04	690.42	771.52	0	0
	Y10	3.4	0	13.08	49.3	268.81	400.9	1.87	0	0
	Y11	461.18	132.56	444.59	0	1 069.83	864.05	536.57	307.44	225.36
	Y12	0	0	0	0	0	0	0	0	0
	Y13	3.58	5.84	3.68	5.13	5.5	10.9	8.83	4.89	4.7
	Y14	1 409	0	351	4 233	1 332	1270	0	0	0

数据来源：根据测算结果整理得出。

从产出方面看，Y1、Y2、Y12等指标产出相对不足年份较少，其中硕博毕业人数（Y12）在各年份均达到最优值，发表科技论文数（Y1）在2012年、2016年存在产出不足的现象，产出不足量分别为3 137篇和48篇，出版科技专著数（Y2）仅有2012年产出相对不足，增加137项便可达到最优。其余指标产出不足情况较为严重，科技项目课题数（Y3）仅在2012年实现最优，技术市场合同成交额（Y7）在2017年和2020年实现最优，高新技术产业增加值（Y9）在2015年、2019年、2020年实现最优，高新技术产业新产品销售收入（Y10）在2013年、2019年、2020年实现最优，高新技术产业主营业务收入（Y11）仅在2015年实现最优，全社会劳动生产率（Y13）在各年度均存在产出不足现象，发明专利有效数（Y14）有4个年份实现最优，分别为2013年、2018年、2019年、2020年。由此可见，湖北省财政性科研投入的产出相对较低，若想达到最佳投入状态，理论上讲，应优化财政性科研的投入，重视产出不足的问题，以提高湖北省财政性科研投入的产出效率；实践层面上，需要从体制、机制上进一步优化财政性科研资金配置，提高科研项目的产出效率。

综上所述，湖北省财政性科研投入的总体产出效率水平相对较高，其中，2011年综合效率值达到1，2012—2020年综合效率值均接近1，比较有效，其分解项纯技术效率在各年份均实现最优，效率值为1；规模效率与综合效率保持一致，说明湖北省财政性科研支出资源在技术上得到了有效利用，而支出规模比较合理，还有较大优化空间。本书对未完全实现DEA有效的年份分析发现，未实现完全DEA有效的年份占决策单元的90%，比例较高。由此可以看出，湖北省财政性科研产出效率提升空间较大，产出效率的提高主要受科研产出能力和财政资金投入的影响。如果能适当地优化财政资金的投入规模与结构，完善相关科研管理政策与科研激励机制，湖北省财政性科研项目的投入产出效率仍有较大的提升空间。

6.1.3 地级市产出效率测度

1）综合效率分析

由于湖北省各地级市财政性科研项目投入产出各项指标数据存在大量缺失，基于数据的完整性与可获得性，本书对于湖北省地级市财政性科研的投入选用财政性科研支出、R&D从业人员人数来衡量，社会性产出选用全社会劳动生产率、发明专利授权数来衡量，经济性产出选用高新技术产业增加值来衡量，具体指标数据处理方法与前文同，用SBM模型测度湖北省地级市财政性科研项目的投入产出效率。

与6.1.2节的研究方法相同，本书根据湖北省12个地级市财政性科研投入和产出数据，借助MAXDEA 8.0软件，利用SBM模型计算得出湖北省各地级市财政性科研产出综合效率值，见表6-6。

具体变化趋势如图6-1所示。

从整体变化趋势来看，湖北省12个地级市财政性科研产出综合效率均值为0.777，说明湖北省地级市财政性科研产出整体综合效率较高，且整体呈现效率增长的趋势。2011—2016年有增长趋势，但2017—2018年有所下降，2019—2020年再次回升，并在2020年达到峰值。

表6-6　　湖北省地级市财政性科研投入的产出综合效率值

地级市	2011	2012	2013	2014	2015	2016	2017	2018	2019	2020	均值
武汉市	0.618	0.533	0.516	0.770	0.850	1.000	0.950	0.959	1.000	1.000	0.820
黄石市	0.623	0.780	0.690	0.888	0.909	0.970	1.000	0.953	1.000	1.000	0.881
十堰市	0.616	0.456	0.644	0.938	1.000	1.000	0.793	0.829	1.000	0.906	0.818
宜昌市	0.428	0.466	0.685	1.000	1.000	0.969	0.803	0.800	0.762	0.886	0.780
襄阳市	0.383	0.603	0.790	1.000	1.000	1.000	0.860	0.721	0.754	0.706	0.782
鄂州市	0.355	0.417	0.543	0.784	0.813	0.899	0.847	0.885	0.878	0.935	0.736
荆门市	0.549	0.528	0.636	1.000	1.000	0.900	0.841	0.792	0.854	0.815	0.792
孝感市	0.338	0.359	0.478	0.628	0.898	0.720	0.777	1.000	0.939	1.000	0.714
荆州市	0.564	0.404	0.436	0.860	0.710	1.000	0.904	0.887	0.926	0.971	0.766
黄冈市	0.507	0.536	0.524	0.691	0.860	0.872	0.801	1.000	0.957	1.000	0.775
咸宁市	0.512	0.522	0.484	0.672	0.506	1.000	0.954	1.000	1.000	1.000	0.765
随州市	0.373	0.454	0.569	0.595	0.836	0.694	0.726	0.808	0.869	1.000	0.692
均值	0.489	0.505	0.583	0.819	0.865	0.919	0.855	0.886	0.912	0.935	0.777

数据来源：根据测算结果整理得出。

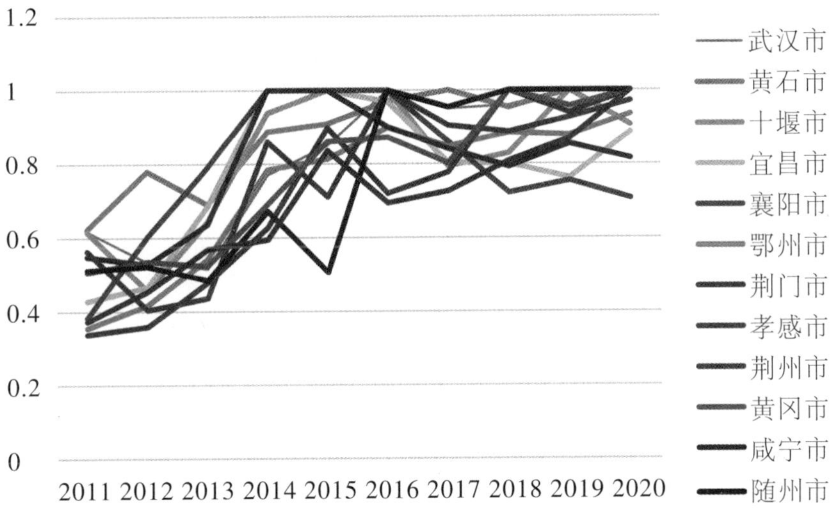

图6-1　湖北省地级市财政性科研投入的产出综合效率变化趋势图

数据来源：根据测算结果整理得出。

注：彩色图片详见下方二维码。

从纵向来看，湖北省地级市财政性科研产出综合效率均值在2011—2013年低于综合效率平均值，但2014—2020年远高于综合效率水平，效率水平显著提升。横向对比地级市综合效率均值可以发现，武汉市、黄石市、十堰市、宜昌市、襄阳市、荆门市等地级市财政性科研产出综合效率均值高于总体效率平均值，鄂州市、孝感市、荆州市、黄冈市、咸宁市、随州市等地级市财政性科研产出效率均值低于总体效率均值。在财政性科研产出综合效率高于总体效率均值的地级市中，武汉市在2016年首次实现DEA完全有效，财政性科研产出综合效率值为1，之后效率值有所下降，并在2019年再次实现效率为1的DEA有效状态，黄石市在2017年、2019年、2020年财政性科研产出综合效率值达到1，实现了DEA有效，十堰市在2015年、2016年、2019年财政性科研支出综合效率值达到1，实现了DEA有效，宜昌市和荆门市仅在2014年、2015年实现了DEA有效，财政性科研产出综合效率值为1，襄阳市的财政性科研产出综合效率值在2014年、2015年、2016年达到1，实现了DEA完全有效。

2）纯技术效率与规模效率分析

由表6-7和图6-2可以看出，2011—2020年间，湖北省地级市财政性科研投入的产出纯技术效率均值为0.854，整体变化趋势与综合效率的变化趋势一致，湖北省地级市财政性科研投入的产出纯技术效率均值在2011—2013年低于总体纯技术效率均值，2014—2020年高于总体纯技术效率均值。

纯技术效率均值高于总体纯技术效率均值的有武汉市、黄石市、十堰市、宜昌市、襄阳市、荆门市、荆州市，纯技术效率均值低于总体纯技术效率均值的有鄂州市、孝感市、黄冈市、咸宁市、随州市。

在纯技术效率均值高于总体纯技术效率均值的地级市中，武汉市在2016年、2019年、2020年财政性科研投入的产出纯技术效率值达到1，实现了DEA完全有效，黄石市在2013年、2014年纯技术效率值达到1，实现了DEA完全有效，2015—2016年效率值有所下降，但在2017年又回升为1，随后在2017—2020年便一直处于DEA完全有效状态。十堰市在2015年、2016年、2019年纯技术效率值为1，实现了DEA完全有效，宜昌市、襄阳市纯技术效率均值最为接近，分别为0.877和0.876，并且在2015年、2014年纯技术效率值均为1，实现了DEA有效，但有所不同的是，除2014年、2015年外，宜昌市在2020年纯技术效率值也达到了1，实现了DEA完全有效，襄阳市在2016年纯技术效率值为1，实现了DEA完全有效，荆门市在2013—2016年、2020年纯技术效率值达到1，实现了DEA完全有效，孝感市在2017年、2018年、2020年纯技术效率值为1，实现了DEA完全有效，荆州市仅在2013年、2015年、2016年纯技术效率值达到1，实现了DEA完全有效。

在纯技术效率均值低于总体纯技术效率均值的地级市中，纯技术效率值达到1的年份较少，由此也可以看出，未能实现纯技术效率有效的年份，纯技术效率值普遍较低，说明财政性科研资金和人力的投入一定程度上未得到充分的利用，投入产出转化率还有较大提升空间，应进一步调整、优化财政性科研投入中基础研究经费、应用研究经费、试验发展经费的占比，进一步提高科研成果的转化，从而提升纯技术效率，并实现综合技术效率的最优配置。

表6-7 湖北省地级市财政性科研投入的产出纯技术效率值

地级市	2011	2012	2013	2014	2015	2016	2017	2018	2019	2020	均值
武汉市	0.792	0.674	0.645	0.863	0.966	1.000	0.996	0.976	1.000	1.000	0.891
黄石市	0.634	0.833	1.000	1.000	0.969	0.988	1.000	1.000	1.000	1.000	0.942
十堰市	0.650	0.557	0.742	0.942	1.000	1.000	0.826	0.944	1.000	0.973	0.863
宜昌市	0.567	0.798	0.697	1.000	1.000	0.978	0.893	0.898	0.943	1.000	0.877
襄阳市	0.585	0.777	0.801	1.000	1.000	1.000	0.902	0.895	0.932	0.870	0.876
鄂州市	0.494	0.585	0.621	0.837	1.000	0.919	0.895	0.978	0.953	0.941	0.822
荆门市	0.568	0.547	1.000	1.000	1.000	1.000	0.845	0.888	0.897	1.000	0.875
孝感市	0.442	0.432	0.527	0.898	0.936	0.892	1.000	1.000	0.949	1.000	0.808
荆州市	0.571	0.510	1.000	0.949	1.000	1.000	0.936	0.893	0.874	0.990	0.872
黄冈市	0.583	0.684	0.611	0.727	0.894	0.874	0.834	1.000	0.987	1.000	0.819
咸宁市	0.598	0.588	0.594	0.679	0.642	1.000	1.000	1.000	1.000	1.000	0.810
随州市	0.542	0.580	1.000	0.701	0.844	0.724	0.807	0.811	0.927	1.000	0.794
均值	0.586	0.630	0.770	0.883	0.938	0.948	0.911	0.940	0.955	0.981	0.854

数据来源：根据测算结果整理得出。

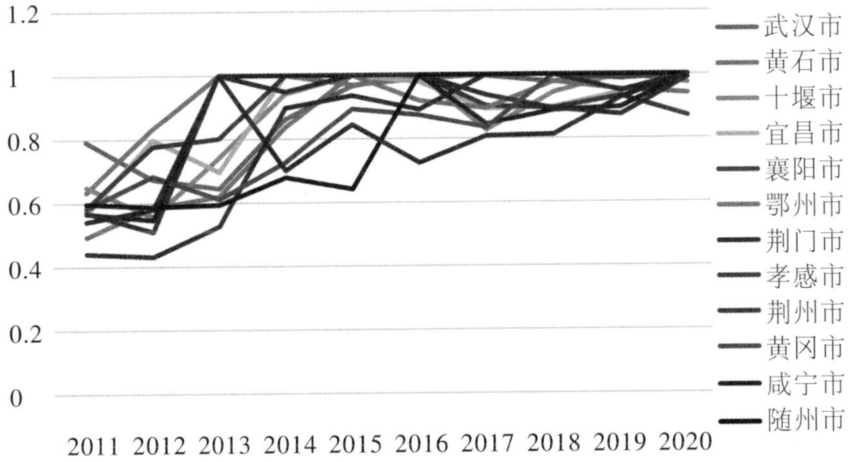

图6-2 湖北省地级市财政性科研投入的产出纯技术效率变化趋势图

数据来源：根据测算结果整理得出。

注：彩色图片详见下方二维码。

由表6-8和图6-3可以看出湖北省地级市财政性科研投入的产出规模效率变动趋势。

湖北省12个地级市财政性科研投入的产出规模效率均值为0.902。相对于综合效率与纯技术效率来说，湖北省地级市规模效率值较高，其整体变化趋势与综合效率和纯技术效率一致，规模效率均值在2011—2013年低于总体规模效率均值，在2014—2020年高于总体规模效率均值。

地级市规模效率存在较大差距，地区间追赶速度在加快。规模效率均值大于总体规模效率均值的有武汉市、黄石市、十堰市、荆门市、黄冈市、咸宁市，规模效率均值小于总体规模效率均值的有宜昌市、襄阳市、鄂州市、孝感市、荆州市、随州市。在规模效率均值高于总体纯技术效率均值的地级市中，大部分地级市都实现了三年规模有效，其中武汉市在2016年、2019年和2020年这三年规模效率值为1，实现了DEA有效。黄石市在2017年、2019年和2020年规模效率值达到1，实现了DEA有效。十堰市在2015年、2016年、2019年规模效率值为1，实现了DEA有效。宜昌市和荆门市仅在2014年、2015年规模效率值为1，实现了DEA有效。襄阳市在2014—2016年连续三年规模效率值达到1，实现了DEA有效。黄冈市在2018年和2020年两年规模效率值为1，实现了DEA有效。咸宁市在2016年规模效率值达到1，2017年有所下降，规模效率值为0.954，随后在2018—2020年效率值均为1，实现了DEA有效，也是实现DEA规模有效年数最多的地级市。这说明湖北省地级市近年来通过调整科研投入规模，有效提高了产出的规模效率，使得规模效率值为1的地级市数量在逐渐增加，促进了湖北省财政性科研投入的产出规模效率整体水平的提高。

表6-8 **湖北省地级市财政性科研投入的产出规模效率值**

地级市	2011	2012	2013	2014	2015	2016	2017	2018	2019	2020	均值
武汉市	0.780	0.791	0.800	0.892	0.880	1.000	0.954	0.983	1.000	1.000	0.908
黄石市	0.983	0.936	0.690	0.888	0.938	0.982	1.000	0.953	1.000	1.000	0.937
十堰市	0.948	0.819	0.868	0.996	1.000	1.000	0.960	0.878	1.000	0.931	0.940

续表

地级市	2011	2012	2013	2014	2015	2016	2017	2018	2019	2020	均值
宜昌市	0.755	0.584	0.983	1.000	1.000	0.991	0.899	0.891	0.808	0.886	0.880
襄阳市	0.655	0.776	0.986	1.000	1.000	1.000	0.953	0.806	0.809	0.811	0.880
鄂州市	0.719	0.713	0.874	0.937	0.813	0.978	0.946	0.905	0.921	0.994	0.880
荆门市	0.967	0.965	0.636	1.000	1.000	0.900	0.995	0.892	0.952	0.815	0.912
孝感市	0.765	0.831	0.907	0.699	0.959	0.807	0.777	1.000	0.989	1.000	0.874
荆州市	0.988	0.792	0.436	0.906	0.710	1.000	0.966	0.993	1.059	0.981	0.883
黄冈市	0.870	0.784	0.858	0.950	0.962	0.998	0.960	1.000	0.970	1.000	0.935
咸宁市	0.856	0.888	0.815	0.990	0.788	1.000	0.954	1.000	1.000	1.000	0.929
随州市	0.688	0.783	0.569	0.849	0.991	0.959	0.900	0.996	0.937	1.000	0.867
均值	0.831	0.805	0.785	0.926	0.920	0.968	0.939	0.941	0.954	0.952	0.902

数据来源：根据测算结果整理得出。

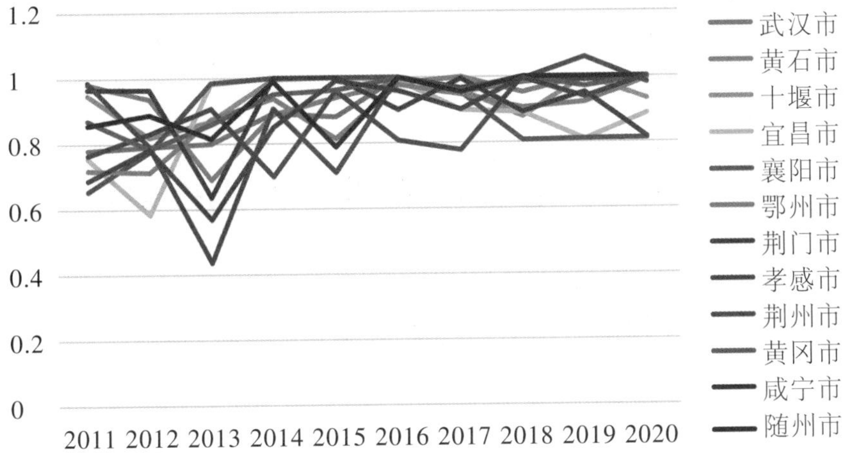

图6-3　湖北省各地级市规模效率变化趋势图

数据来源：根据测算结果整理得出。

注：彩色图片详见下方二维码。

综上所述，湖北省地级市财政性科研投入的产出水平整体相对较高，但整体呈现效率增长趋势，武汉市、黄石市、十堰市、宜昌市、襄阳市、荆门市等地级市财政性科研投入的产出综合效率均值高于总体效率平均值，鄂州市、孝感市、荆州市、黄冈市、咸宁市、随州市等地级市财政性科研投入的产出综合效率均值低于总体效率均值。纯技术效率波动与综合效率拟合度较高，两者升降趋势较为同步，这点与省级效率变化趋势保持一致，且相对于综合效率和纯技术效率来说，湖北省地级市财政性科研投入的产出规模效率均值较高。随着年份的增加，综合效率值为1的地级市数量在逐渐增加，说明湖北省近年来地级市财政性科研投入的产出水平在不断提升。

6.2 基于SBM与BP神经网络的产出效率评价

6.2.1 BP神经网络模型构建

6.2.1.1 BP神经网络基本原理与算法

BP神经网络是1986年以Rumelhart和McCelland为首的科学家小组提出的一种基于误差反向传播算法训练的多层前馈网络，也是目前应用最为广泛和成功的人工神经网络。该模型在处理过程中不需要确定各指标的权重，也无须提前假设输入输出间的映射关系，便可精确拟合指标体系中的隶属关系，根据已训练的模型进行模拟，其核心思想是利用网络节点间的学习适应能力，通过模型训练，不断调整权值和阈值，映射出距期望输出值最近的拟合结果，从而实现对评估对象的评估。因此，BP神经网络被广泛应用于非线性建模、函数逼近、模式分类和预测评估等研究。

BP模型一般具备三层或三层以上的神经网络，分别是输入层、隐含层和输出层，其中隐含层可以是一个或多个。最基本的BP模型仅含一个隐含层、一个输入层、一个输出层。其中，输入层负责接收外部的输入信息，传递给与其直接相连的中间层神经元；隐含层不与外部直接连接，用于信息的处理、转换；输出层代表网络需要实现的功能，负责网络最后结果的输出。

BP神经网络结构图如图6-4所示。

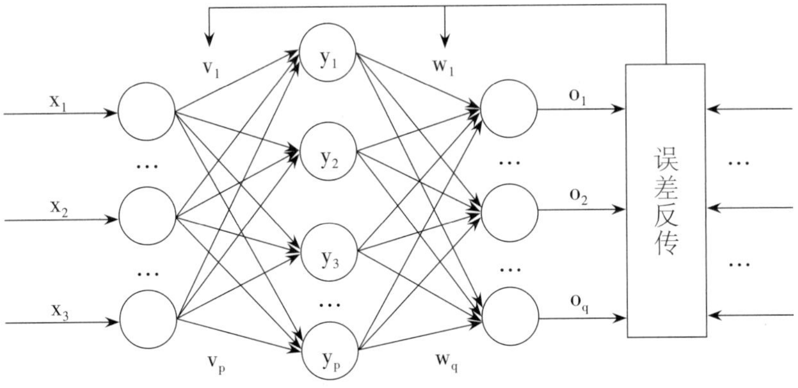

图6-4　BP神经网络结构图

在如图6-4所示的BP神经网络模型中，$X = [x_1, x_2, x_3., .., x_i, ..., x_n]^T$表示标准化输入向量，$Y = [y_1, y_2, y_3, ..., y_j, ..., y_p]^T$为隐含层输出向量，$O = [o_1, o_2, o_3, ..., o_k, ..., o_q]^T$为输出层输出向量。网络输入层到隐含层之间的连接权重矩阵为$V = (v_1, v_2, v_3, ..., v_j, ..., v_m)$，隐含层到输出层之间的连接权重矩阵为$W = (w_1, w_2, w_3, ..., w_j, ..., w_t)$。

BP算法的整个计算过程是由信号的正向传播和反向传播两个过程组成的。在正向传播时，输入数据由输入层的各节点传送至隐含层，经各隐含层处理后传送至输出层，若实际输出与期望输出不一致，则转入误差的反向传播阶段。误差反向传播是将与期望输出不一致的输出误差由隐含层向输入层反向传播，并将误差分摊给各层的所有单元，从而获得各层单元的信号误差，此误差信号即作为修正各单元的依据。在传递过程中，不断地对网络的参数进行调整，按照梯度下降的方法改变神经元之间的权值和阈值来进行修正。此过程一直持续到网络输出的误差精度符合要求或达到预先设定的学习次数才会终止。其具体推导公式如下：

1）输入信号的正向传播

确定隐含层节点的输入数据y_j，并计算隐含层节点与输出层节点的输出数据Y_j和O_k，如（式6-2）至（式6-4）所示：

$$y_j = \sum_{i=1}^{n} v_j x_i \quad \text{（式 6-2）}$$

$$Y_j = f_1(y_j) = f_1\left(\sum_{i=1}^{n} v_j x_i - b_j\right) \quad \text{（式 6-3）}$$

$$O_k = f_2\left(\sum_{j=1}^{p} w_k Y_j - b_k\right) \quad \text{（式 6-4）}$$

2）误差信号的反向传播

设期望输出向量 $d = [d_1, d_2, d_3, \ldots, d_k, \ldots, d_q]^T$，则输出层单元 O_k 的误差信号与隐含层单元 y_j 的误差信号分别为：

$$\delta_k^o = (d_k - o_k)(1 - o_k)o_k \quad \text{（式 6-5）}$$

$$\delta_j^y = y_j(1 - y_j)\sum_{k=1}^{q} \sigma_k^o w_{jk} \quad \text{（式 6-6）}$$

修正后的隐含层到输出层的权重和阈值分别为：

$$\Delta w_{jk} = w_{jk} + \eta\delta_k^o y_j = w_{jk} + \eta(d_k - o_k)o_k(1 - o_k)y_j \quad \text{（式 6-7）}$$

$$\Delta b_k = b_k + \eta\delta_k^o = b_k + \eta(d_k - o_k)(1 - o_k)o_k \quad \text{（式 6-8）}$$

修正后的输入层到隐含层的权重和阈值分别为：

$$\Delta V_{ij} = v_{ij} + \eta\delta_j^y x_i = v_{ij} + \eta y_j(1 - y_j)x_i\sum_{k=1}^{q} \delta_k^o w_{jk} \quad \text{（式 6-9）}$$

$$\Delta b_j = b_j + \eta\delta_j^y = b_j + \eta y_j(1 - y_j)\left(\sum_{k=1}^{q} \delta_k^o w_{jk}\right) \quad \text{（式 6-10）}$$

通过上述过程计算误差，并调整权值与阈值，反复训练直至网络输出的误差精度符合要求或达到预先设定的学习次数，则学习过程结束。模型训练过程结束后，当误差函数采用最小化均方差时，可得到样本的总误差值E_k，其计算公式为：

$$E_k = \frac{\sum (d_k - o_k)^2}{2} \tag{式6-11}$$

6.2.1.2 BP神经网络结构设计

按照算法的训练方法确定绩效评估的步骤为：

首先，结合BP神经网络指标体系，将投入变量作为输入变量，将SBM模型计算结果作为输出变量，建立训练样本集，放入BP模型中进行训练，从而建立全新的财政性科研投入绩效评价模型。

其次，对数据进行归一化处理，确定网络的层数和输入层、隐含层及输出层的节点数，选择传递函数、设置参数，训练网络，看实际输出结果是否在设置的参数范围内，如果在设置的参数范围内，进行下一步操作，如果不在设置的参数范围内，进行反向传递，修正与调整权值与阈值。

最后，将测试样本代入训练好的网络进行仿真测试，得到实际输出，结束训练。

1）建立训练样本集

本书将构建的湖北省2011—2020年财政性科研项目BP神经网络指标体系中的投入指标作为BP神经网络的输入数据，将基于SBM模型测算出的绩效值作为BP神经网络的输出数据，并随机选取80%的样本数据作为训练样本，选取20%的样本数据作为测试样本。

为了使地级市BP神经网络计算出的绩效结果可以直接与SBM模型的绩效结果进行比较，本书依次将BP神经网络指标体系中2011—2020年的投入与产出指标数据求平均值，分别作为BP神经网络模型的输入与输出数据，运用BP神经网络对SBM模型的绩效结果进行修正与完善，从而得到更具有区分度和精准度的绩效结果。

由于各指标数据的量纲不同，在训练过程中，容易出现异常值的现象，造成网络计算误差，影响模型的稳定性以及收敛性，进而影响模型的精准度。因此，在对模型进行训练前，需对样本数据进行预处理，以消除量纲产生的影响。考虑到BP神经网络传递函数的输出范围和每个评价指标的类型，本书选用Matlab16中的mapminmax函数将样本数据归一到［0，1］之间。

2）网络结构的确定

BP神经网络结构的设计主要包括对输入层、隐含层和输出层的确定。已有学者证明，仅有一个隐含层的三层BP神经网络模型就能以任意精度拟合逼近任意所需的非线性（或线性）的连续函数，实现非线性映射。因此，本书选取单隐含层结构的BP神经网络对财政支出效率进行评价。

在BP神经网络模型中，输入层和输出层的节点数，一般由样本本身的实际情况和研究需求决定。

输入层节点数取决于输入变量的个数，所选取的指标越多，输入层的节点数也就越多，根据前面构建的财政性科研项目产出

BP神经网络指标体系的个数，确定输入指标节点数为4个，即财政性科研支出占财政支出的比重（Z1）、R&D人员占科技活动人员的比重（Z2）、财政性R&D经费支出占地区生产总值的比重（Z3）、人均财政性R&D经费（Z4）；输出层节点数由输出结果种类所决定，而本书的输出变量定义为基于SBM模型得出的绩效值，得分越高，说明该决策单元效率越高，每个决策单元对应一个输出值，所以网络的输出节点数为1。

网络结构的难点在于隐含层节点的确定，隐含层节点过少，网络无法充分提取训练样本的相关特征，使得网络性能较差；隐含层节点过多，则可能导致网络训练的时间增加，甚至会使得训练陷入局部极小点而得不到最优点，出现“过拟合”现象。因此，需要同时考虑网络的训练精度与网络结构的复杂程度后，再确定隐含层节点数，但目前并没有固定的方法来确定隐含层节点数。

本书参考诸多文献，总结归纳出如下几种关于隐含层节点的计算的经验公式：

$$m \leqslant 2n + 1 \quad （式6-12）$$

$$m = \sqrt{nl} \quad （式6-13）$$

$$m = \sqrt{n + l} + \alpha \quad （式6-14）$$

$$m = \log_2 n \quad （式6-15）$$

其中，m为隐含层节点数；n为输入层节点数；l为输出层节点数；α为［1，10］中的常数。其中（式6-14）的应用最为普遍，其效果也是最好的，本书在具体设计时，结合计算隐含节点的经验公式，确定隐含层节点数为5。

3）传递函数的选择

传递函数是BP神经网络的重要组成部分，该函数的数学表达式必须是连续可微的，BP网络的节点传递函数主要有线性函数与非线性函数。线性函数也被称为purelin函数，其特点就是网络的输入与输出之间呈线性关系，适用于没有明确取值范围限制的神经元。非线性函数为实数域R内的非连接函数，代表状态连续型神经元模型，非线性函数有对数S型函数（logsig）与双曲正切S型函数（tansig）两种，其取值范围分别为［0，1］和［-1，1］，其中logsig函数最为常用，具体数学表达式如下：

$$\text{purelin函数：} f(x) = x \tag{式6-16}$$

$$\text{logsig函数：} f(x) = \frac{1}{1 + e^{-x}} \tag{式6-17}$$

$$\text{tansig函数：} f(x) = \frac{1 - e^{-2x}}{1 + e^{-2x}} \tag{式6-18}$$

因为S型传递函数更容易用数学表达式表示，能够发挥数学计算上的优势，继而展现较强的非线性拟合能力，因此，本书在构建财政性科研支出效率预测模型时，设置输入层到隐含层为对数S型函数（logsig），隐含层到输出层为线性函数（purelin）。

4）参数模型的确定

神经网络是基于非线性思维解决问题的一种网络，初始参数的设定对于网络在训练过程中能否快速有效地收敛起到至关重要的作用。

倘若初始参数设定得过大会导致网络学习不能完成。

因此，本书令输出和权值、阈值为0使所有权值都处在S型函数变化最大的区域进行调节。

周而复始的学习过程所产生的权值和阈值受到训练速度的影响。过快的训练速度会引起系统不稳定的问题，过慢的训练速度会引起学习时间过久、收敛过慢的问题，其优势是能够使误差值无限趋近于最小误差。

训练速度的选取范围一般是在0.01~0.08之间，本书选取0.01的训练速度。

6.2.2 基于SBM与BP神经网络的湖北省产出效率评价

1）网络模型的训练

根据前面章节的介绍，本书得到了基于BP神经网络的财政性科研项目产出效率模型：模型结构为三层，输入节点数为4个，输出节点数为1个，根据公式确定隐含层节点数为5个，隐含层和输出层的传递函数分别为logsig函数和purelin函数，训练速度设为0.01，训练次数设为2 000次，BP神经网络各层节点数如图6-5所示。

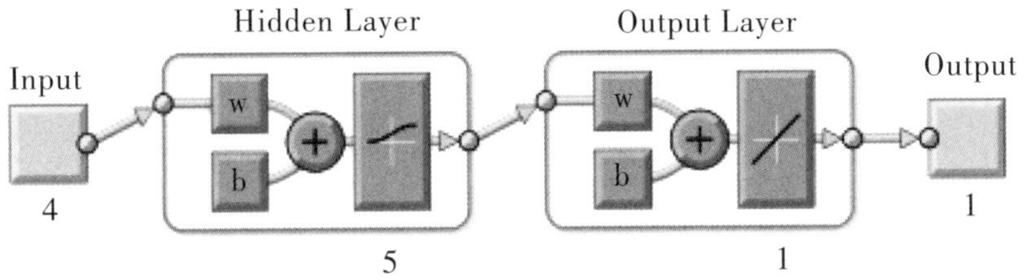

图6-5　BP神经网络各层节点数

注：彩色图片详见下方二维码。

运用Matlab16软件，根据BP神经网络指标体系选取相应的投入和产出数据，将设置的参数和相应的投入与产出数据输入软件进行运算，得到湖北省BP神经网络训练性能图与湖北省BP神经网络训练拟合图，如图6-6和图6-7所示。

从图6-6中的网络学习样本的误差变化曲线可以看出，网络在经过初始化后，在进行350次训练后达到收敛，训练误差达到了学习要求，至此，基于SBM-BP神经网络模型建成，学习样本的训练结束。

由图6-7所示的省级BP神经网络训练拟合图可知，网络训练后的输出值与目标值之间的线性回归相关系数R=0.99642，R值较高，表明实际输出与期望输出较为吻合。

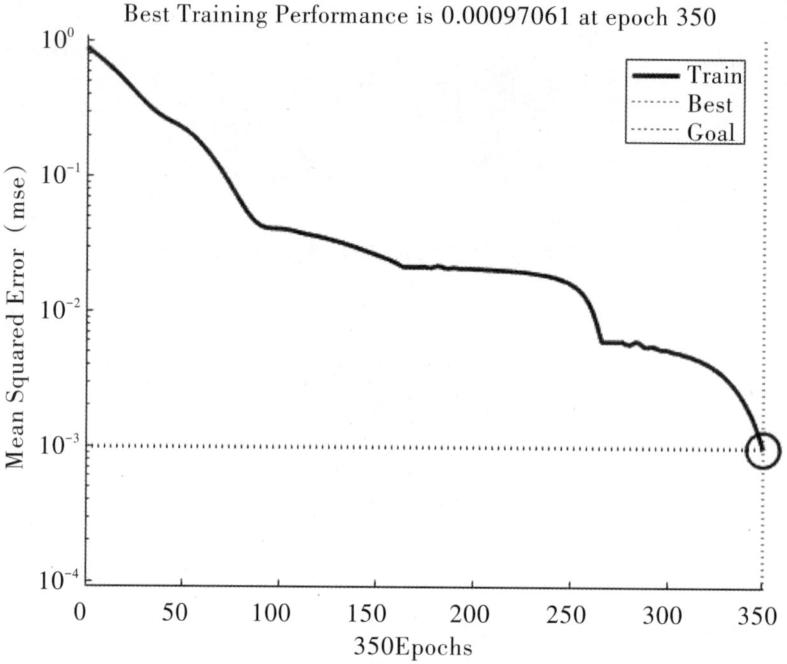

图6-6 湖北省BP神经网络训练性能图

2）结果评价

为了验证训练样本的有效性，本书将随机选取的20%的测试样本（2016年和2019年）代入训练好的网络进行测试，结果发现测试样本的运算结果与SBM模型的绩效结果都在5%的误差范围内，而训练样本的也都在5%的误差范围内，说明运用BP神经网络方法对SBM模型效率结果进行修正与完善的结果较为可靠与稳定。

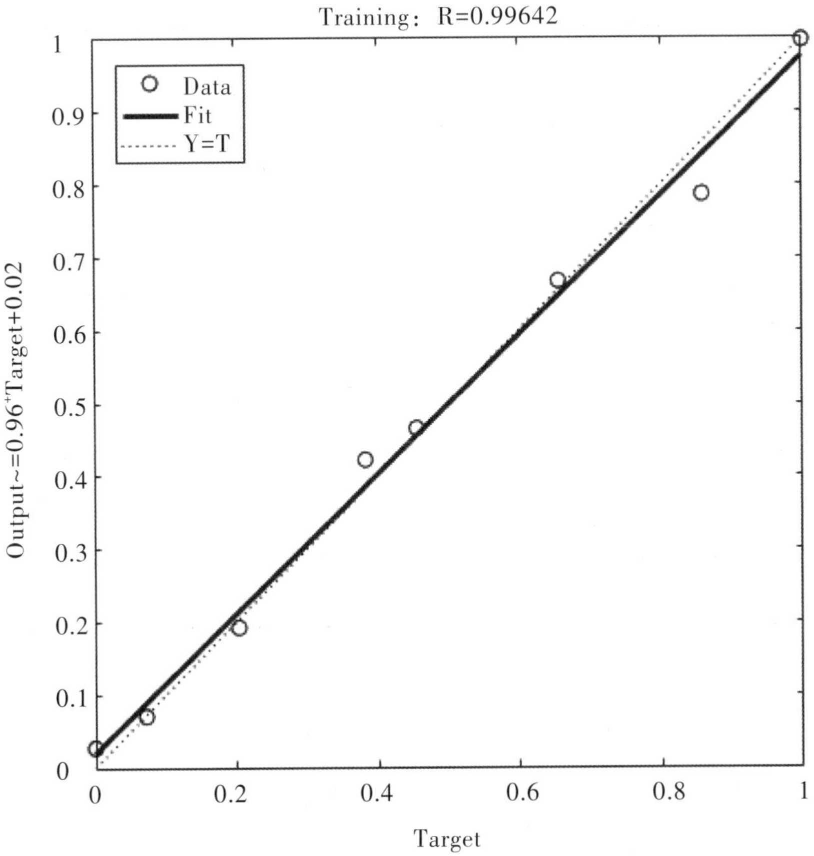

图6-7　湖北省BP神经网络训练拟合图

统计训练样本和测试样本的运算数据得到的湖北省财政性科研支出最终的效率结果见表6-9。

表6-9　基于SBM与BP神经网络的湖北省财政性科研项目产出效率值

年份	期望输出	实际值	绝对误差	排名
2011	1.0000	0.9995	0.0005	1
2012	0.8632	0.8720	0.0088	6

续表

年份	期望输出	实际值	绝对误差	排名
2013	0.9684	0.9526	0.0158	2
2014	0.7785	0.7846	0.0061	10
2015	0.7945	0.7941	0.0004	9
2016	0.8053	0.8029	0.0024	8
2017	0.8236	0.8211	0.0025	7
2018	0.9237	0.9262	0.0025	4
2019	0.9474	0.9463	0.0011	3
2020	0.8793	0.8815	0.0022	5

数据来源：根据测算结果整理得出。

根据表6-9可知，相比SBM模型来讲，在BP神经网络模型下，2011—2020年湖北省财政性科研项目产出效率值有轻微波动，但总体上BP神经网络与SBM模型的效率测度结果基本吻合，实际产出和期望产出的误差范围在5%以内，取得了较高的预测精度。2011年效率值最高，效率值为0.9995，其次是2013年、2019年、2018年，效率值在0.9以上，再次是2020年、2012年、2017年、2016年，效率值在0.8~0.9之间，最后是2015年和2014年，效率值在0.7~0.8之间。

总的来说，湖北省财政性科研产出效率仍有较大提高的空间，根据SBM模型分析可以看出综合效率偏低的主要原因是规模效率的影响，在投入方面，政府财政性科研资金的投入相对不足，科研人员投入次之；在产出方面，主要是全社会劳动生产率产出不足导致，其次是高新技术产业和技术市场等经济效益的产出不足。结合第3章湖北省科研支出结构分析的结论，这间接说明，财政性科研支出结构需要进一步优化，科研投入的重心应从试验发展转向基础研究，进一步提高对基础研究的财政投入。

6.2.3 基于SBM与BP神经网络的地级市产出效率评价

1）网络模型的训练

同样运用Matlab16软件，将设置的参数和相应的投入与产出数据输入软件进行运算，得到湖北省地级市BP神经网络训练性能图与湖北省BP神经网络训练拟合图，如图6-8和图6-9所示。从图6-8中的网络学习样本的误差变化曲线，可以看出网络在经过初始化以及进行692次训练后，达到收敛，训练误差达到了学习要求，至此，基于SBM-BP神经网络模型建成，学习样本的训练结束。由图6-9所示的湖北省地级市BP神经网络训练拟合图可知，网络训练后的输出值与目标值之间的线性回归相关系数R=0.99382，R值较高，表明实际输出与期望输出较为吻合。

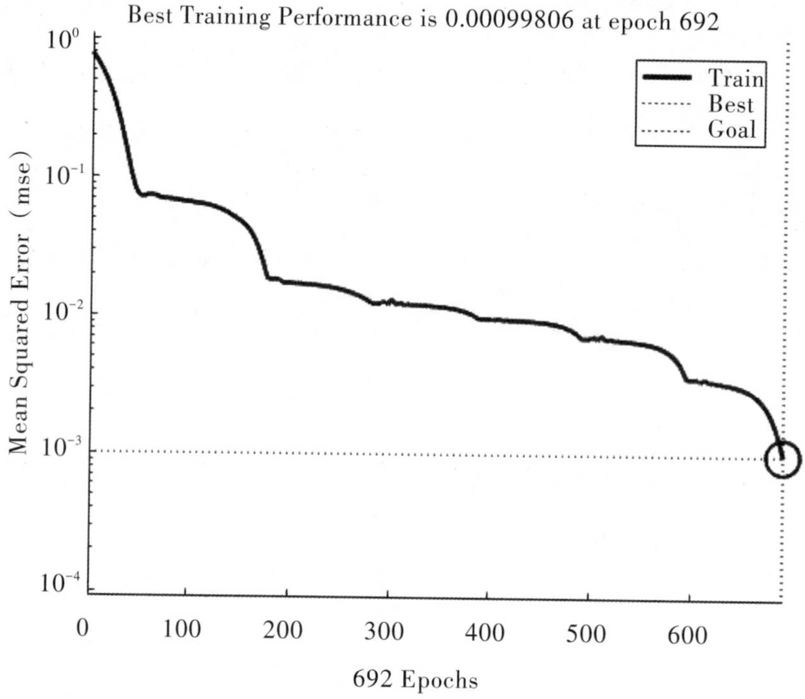

图6-8 湖北省地级市BP神经网络训练性能图

2）结果评价

将随机选取的20%的测试样本（襄阳市和荆门市）代入训练好的网络进行测试，结果发现测试样本的运算结果与SBM模型的效率结果都在5%的误差范围内，而训练样本的运算结果也都在5%的误差范围内，说明运用BP神经网络方法对SBM模型效率结果进行修正与完善的结果较为可靠与稳定。统计训练样本和测试样本的运算数据，得到的湖北省地级市财政性科研产出最终的效率结果见表6-10。

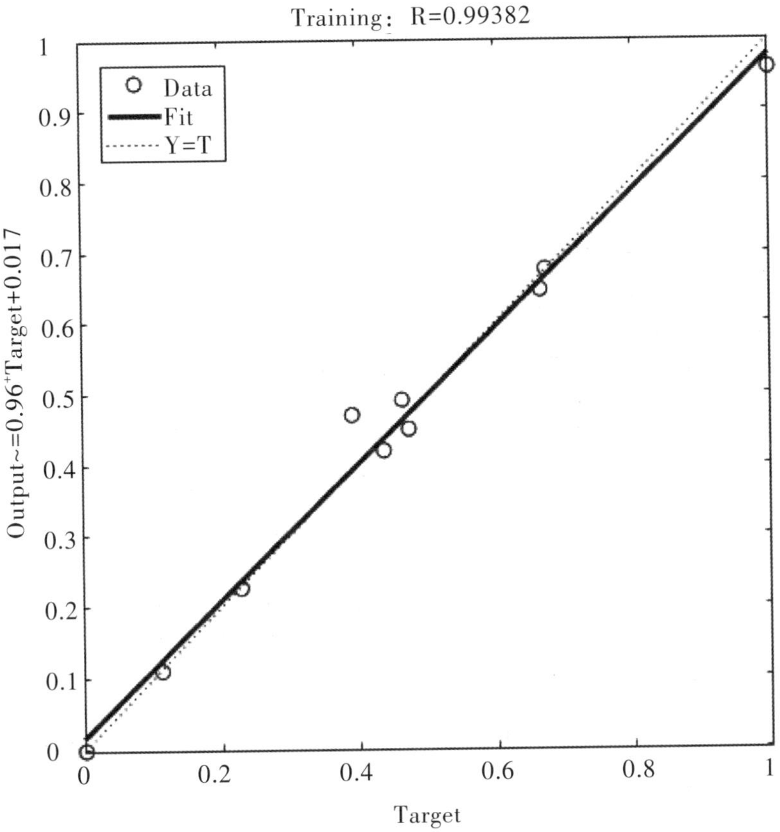

图6-9 湖北省地级市BP神经网络训练拟合图

表6-10 基于SBM与BP神经网络的湖北省地级市财政性科研项目产出效率值

	期望输出	实际值	误差	排名
武汉市	0.8196	0.8196	0.0000	3
黄石市	0.8813	0.8810	0.0003	1
十堰市	0.8182	0.8143	0.0039	4

续表

	期望输出	实际值	误差	排名
宜昌市	0.7799	0.7797	0.0002	6
襄阳市	0.7817	0.7808	0.0009	5
鄂州市	0.7356	0.7280	0.0070	10
荆门市	0.7915	0.8202	0.0287	2
孝感市	0.7155	0.7156	0.0019	11
荆州市	0.7662	0.7747	0.0085	8
黄冈市	0.7748	0.7754	0.0006	7
咸宁市	0.7650	0.7550	0.0100	9
随州市	0.6924	0.7029	0.0105	12

数据来源：根据测算结果整理得出。

表6-10展示了湖北省各地级市分别在SBM模型和BP神经网络下的财政性科研项目产出效率值，同时结合湖北省地级市产出综合效率值（表6-6），全面分析湖北省地级市财政性科研项目产出效率变化趋势。总体来说，湖北省地级市在BP神经网络与SBM模型下产出效率结果基本吻合，实际产出和期望产出的误差范围在5%以内，取得了较高的预测精度。为了更加全面地分析湖北省地级市财政性科研产出效率情况，本书依据SBM模型与BP神经网络的效率评估结果，将湖北省地级市按照产出效率划分为三个梯队，揭示2011—2020年湖北省地级市财政性科研投入的产出效率差异来源。

第一梯队（0.8~0.9），从高到低依次为黄石市、荆门市、武汉市、十堰市。4个地级市都取得了可喜的成果，黄石市主要得益于同武汉市临近的区位优势以及较好的工业基础，其高新技术产业发展迅速，近年来财政性科研投入所取得的技术合同成交额以及高新技术产业产值上升趋势明显，因此，总的来说其效率值相对较高。荆门市作为“宜荆荆恩”城市群重要节点城市，依托国家级、省级高新技术开发区的发展，科技产出绩效显著增强。武汉市科教资源全国领先，有大量的科技资源投入，随着科技事业的发展，其产生的效益已经处于相对饱和的状态，如果再继续追加科技投入，便会造成投入冗余的增加，产出便会降低，这也是其效率值相对不高的主要原因。十堰市规模效率较好，纯技术效率不高，全社会劳动生产率较低是十堰市总体财政科技支出绩效较低的重要因素。

第二梯队（0.75~0.8），从高到低依次为襄阳市、宜昌市、黄冈市、荆州市、咸宁市。该梯队呈多级发展态势，产出效率值差距不大，各有特色。襄阳市和宜昌市同为湖北省域副中心城市，承担着鄂西北与鄂西南区域辐射引领作用，其效率发展趋势相对明朗，并且两者的综合效率主要受其纯技术效率的影响，说明两地在技术与管理方面存在不足，应充分提高经费和人员等资源的利用率，注重投入与产出的平衡，提高技术水平带动研究成果的突破，从而促进财政科技产出更好地发展。黄冈市、荆州市、咸宁市的绩效水平均值相差不大，规模效率水平相对较高，与之相比纯技术效率需加以提升，经费的冗余以及专利申请授权数的不足是制约绩效水平进一步提升的关键因素，因此，应进一步加强对经费资源的管理，扩大投入的同时进一步提升创新成果的研发。

第三梯队（0.7~0.75）：从高到低依次为鄂州市、孝感市和随州市。鄂州市作为武汉市城市圈中的跟跑城市，相对于城市圈中其他地级市而言，有着优越的地理优势，但研发人员的不足是导致鄂州市财政性科研支出绩效水平较低的主要原因，鄂州市应发挥好现有的基础优势，通过弥补科研人员不足这一缺陷，达到提升科研支出绩效的效果。孝感市和随州市绩效水平与其他地市差距明显，其纯技术效率与规模效率也相对较低，但原因却不同，孝感市主要是因为其财政性科研投入资源未得到合理利用导致绩效水平相对低下，随州市的产出绩效低下的原因主要是财政资源投入不足。

第7章　财政性投入产出绩效空间演化及比较

通过前文对湖北省地级市财政性科研支出绩效水平的测度，可以观测到湖北省12个地级市财政性科研支出绩效水平在空间上具有一定的关联性，应进一步分析湖北省各地级市财政性科研支出绩效水平的空间关系。

基于此，本书以地级市效率测度结果为依据，构建空间邻接矩阵，利用Stata17计算全局和局部莫兰指数，探讨其空间分布特征，同时运用Matlab16软件分析湖北省地级市财政性科研项目产出绩效水平的核密度估计结果，进一步探讨湖北省财政性科研支出绩效的空间演化特征。

7.1 产出绩效空间演化

7.1.1 空间相关性分析

1）全局空间自相关

全局空间自相关用于判断某属性在整体上是否存在空间集聚或分散特征，全局莫兰指数的取值范围为［-1，1］，全局莫兰指数 > 0 时，表示某属性在整体上具有空间正相关性，且其绝对值越大，空间相关性越强；全局莫兰指数 < 0 时，表示某属性在整体上具有空间负相关性，其绝对值越小，空间分异性越强；全局莫兰指数 = 0 时，表示空间呈现随机性，不存在空间关系。全局莫兰指数的计算公式为：

$$\text{全局Moran's I} = \frac{n\sum_{i=1}^{n}\sum_{j=1}^{n}\left[w_{ij}\left(\left|x_i - \bar{x}\right|\left|x_j - \bar{x}\right|\right)\right]}{\sum_{i=1}^{n}\sum_{j=1}^{n}\left[w_{ij}\left(\left|x_j - \bar{x}\right|^2\right)\right]} \qquad (式7-1)$$

其中，全局Moran's I 为全局莫兰指数；w_{ij} 为空间权重；x_i、x_j分别为地级市财政性科研支出绩效值；$\bar{x}$为均值。用统计量Z对全局莫兰指数进行检验，具体公式为：

$$Z = \frac{I - E(I)}{\sqrt{VAR(I)}} \qquad (式7-2)$$

表 7-1 为 2011—2020 年湖北省财政性科研支出绩效水平全局莫兰检验的结果。

表7-1 2011—2020年湖北省财政性科研支出绩效水平全局莫兰检验结果

年份	2011	2012	2013	2014	2015	2016	2017	2018	2019	2020
全局Moran's I	-0.184	-0.118	0.189	0.181	0.192	0.244	0.284	0.567	0.379	0.299
Z值	-1.424	-0.521	1.635	1.555	1.726	2.073	2.197	3.785	2.765	2.566
P值	0.077	0.301	0.051	0.06	0.042	0.019	0.014	0.000	0.003	0.005

通过表7-1可以看出，2011—2012年湖北省财政性科研支出绩效水平的全局莫兰指数为负值，说明一部分效率相对较高的地级市出现了微弱的空间分散趋势，且财政性科研产出效率空间分布没有明显特点。2013—2020年湖北省财政性科研支出绩效水平的全局莫兰指数均为正值，且仅在2013年、2014年通过10%的显著性水平检验，其余年份均通过5%的显著性水平检验，表明湖北省财政性科研支出绩效水平在空间上并非随机分布，大体上呈显著的正向空间自相关，并具有空间集聚效应。此外，从变化趋势上看，湖北省财政性科研支出绩效水平的全局莫兰指数在2013—2014年有所下降，但下降趋势不明显，在此可不多做分析。2015—2020年呈现先上升后下降的倒U形变化趋势，波峰出现在2018年。2015—2018年，湖北省财政性科研支出绩效水平的全局莫兰指数呈快速上升的趋势，2019—2020年湖北省财政性科研支出绩效水平的全局莫兰指数呈现阶

段性下降的趋势，逐渐趋于平缓。湖北省财政性科研支出绩效水平的空间关联性在测度期间不同时间段内发生不同程度的波动，由此可见，与湖北省财政性科研支出绩效水平相近的地级市空间集聚效应处于波动状态。

2）局部空间自相关

全局空间自相关仅仅是在假定空间同质的情况下所计算的结果，局部空间自相关则可以用于判断各空间的某属性值在局部是否具有空间相关性，以弥补全局自相关分析检验的不足，局部莫兰指数的计算公式如下：

$$\text{局部 Moran's I} = \frac{\left(x_i - \bar{x}\right)\sum_{j=1}^{n}\left[w_{ij}\left(x_j - \bar{x}\right)\right]}{S^2} \quad \text{（式 7-3）}$$

式中，局部Moran's I为局部莫兰指数。

若局部Moran's I > 0，则表明该地区的财政性科研支出绩效水平与相邻地区财政性科研支出绩效水平相似，处于高—高集聚区或低—低集聚区。

若局部Moran's I < 0，则表明该地区的财政性科研支出绩效水平与相邻地区财政性科研支出绩效水平相异，处于高—低集聚区或低—高集聚区。

由于湖北省各地级市在2011—2012年财政性科研支出绩效呈现负向空间自相关，因此，本书不进行局部空间自相关分析，仅对湖北省各地级市财政性科研支出绩效表现为正向空间自相关的年份进行局部空间自相关分析，可以得到湖北省财政性科研支出绩效的局部莫兰散点图，汇总测度期内各地级市在莫兰散点图中象限的分布状况，如表7-2所示。

表7-2　湖北省2011—2020年财政性科研项目产出绩效水平局部空间聚类表

高高（H-H）	低高（L-H）	低低（L-L）	高低（H-L）
武汉市（2013年、2014年、2017—2020年） 黄石市（2016年、2017—2020年） 十堰市（2013—2016年） 宜昌市（2013-2016年） 襄阳市（2013—2015年） 鄂州市（2013年、2014年、2020年） 荆门市（2013年、2015年） 孝感市（2013—2015年、2018—2020年） 荆州市（2013年、2014年、2016—2020年） 黄冈市（2013—2014年、2018—2020年） 咸宁市（2013年、2016—2020年）	宜昌市（2017年） 鄂州市（2016—2019年） 咸宁市（2014年） 随州市（2013—2015年） 十堰市（2018年） 黄冈市（2017年）	武汉市（2015年） 十堰市（2017年、2020年） 宜昌市（2018—2020年） 襄阳市（2018—2020年） 鄂州市（2015年） 荆门市（2016—2020年） 孝感市（2016年、2017年） 荆州市（2015年） 黄冈市（2015年、2016年） 咸宁市（2015年） 随州市（2016—2019年）	武汉市（2016年） 十堰市（2019年） 荆门市（2014年） 襄阳市（2016年、2017年） 黄石市（2013—2015年） 随州市（2020年）

数据来源：根据测算结果整理得出。

在局部莫兰散点图中，湖北省12个地级市在二维空间被划分为四个象限，按照逆时针方向顺序依次为第一象限（“高—高”集聚区）、第二象限（“低—高”集聚区）、第三象限（“低—低”集聚区）、第四象限（“高—低”集聚区）。根据表4-18可以发现，从空间分布特征来看，测度期内Moran's点大多分布在“高—高”集聚区（H-H）和“低—低”集聚区（L-L），这表明湖北省财政性科研支出绩效水平较高的区域和较低的区域在地理空间分布上较为集中，存在趋同效应。

（1）“高—高”（H-H）集聚区，表示本区域与相邻区域均为高值区，在测度期内，湖北省12个地级市中，仅有随州市不在该区域，其余地级市均在不同年份处于该区域。其中武汉市、孝感市、荆州市、咸宁市长期处在该区域，黄石市和黄冈市均有5年处在该区域，十堰市和宜昌市有4年处在该区域，襄阳市和鄂州市有2年处在该区域。这一区域和相邻区域整体的科研水平情况相对领先，呈现出良好的未来发展趋势，并且对相邻地区不断产生拉动效应，这对缩小区域间的差距具有积极的作用。

（2）“低—高”（L-H）集聚区，表示本区域处于低值区而相邻区域处于高值区，测度期内有6个地级市处在该区域，鄂州市和随州市分别有4年和3年处在该区域，宜昌市、咸宁市、十堰市、黄冈市分别有1年处在该区域。这些地级市与“高—高”集聚区邻近，如果能利用邻近科研水平较高地级市的辐射和扩散效应，那么其科研水平必能得到大幅的提升，实现由“低—高”集聚向“高—高”集聚的跃迁。如鄂州市，因其与高—高集聚区的武汉市、黄石市相邻，具有良好的地理优势，所以在2020年便跃迁迈入高值区的行列。

（3）“低—低”（L-L）集聚区，表示本区域与相邻区域均为低值区，测度期内有11个地级市处于该区域，随州市有4年处于该区域，宜昌市、襄阳市、荆门市有3年处于该区域，十堰市、孝感市、黄冈市有2年处于该区域，武汉市、鄂州市、荆州市、咸宁市均于2015年处在该区域。处在该区域的地级市财政性科研项目产出绩效水平整体上相对较低。通过对武汉市、鄂州市、荆州市、咸宁市等地级市2015年财政性科研项目产出绩效进行分析发现，其综合效率与规模效率较低，并且均处于规模收益递减状态，这表明武汉市、鄂州市、荆州市、咸宁市等地级市在科研资金投入和人力资源储备上并未起到相应作用，资源协调性较差，制约了区域科研产出的提升，使其财政性科研项目产出绩效处在低值区。

（4）“高—低”（H-L）集聚区，表示本区域处于高值区而相邻区域处于低值区，测度期内有6个地级市处在该区域，黄石市有3年处于该区域，荆门市、襄阳市有2年处于该区域，武汉市、十堰市、随州市有1年处于该区域。由于湖北省各地级市财政性科研支出绩效水平在空间上具有明显的区块分布的特征，且在测度期内处于该区域的地级市非常少，故在此不多做讨论。

综上所述，2011—2020年，从局部Moran's I指数看，湖北省财政性科研支出绩效水平较高的区域和财政性科研支出绩效水平较高的区域在地理空间分布上较为集中，存在趋同效应，区域追赶速度在加快。全局 Moran's I 指数在 2013—2014 年有所下降，但下降趋势不明显，在 2015—2018 年呈快速上升的趋势，2019—2020 年呈阶段下降的趋势，并且下降速度趋于平缓。

各地级市财政性科研项目产出绩效水平在空间上具有明显的区块分布的特征，随着时间的推移，湖北省地级市财政性科研项目产出绩效水平有明显的演化迹象，地级市在各年份相继完成由低值区向高值区的跃迁，处于低值区的地级市数量在不断减少，处于高值区的地级市数量在不断增加，一方面可以看出财政性科研投入的增加有助于各地级市科研水平的提高，技术进步与技术扩散在加快，另一方面也可以看出地级市的产出绩效水平存在空间集聚现象，并且高值区拉动了低值区的绩效水平，整体水平在提升。

7.1.2 绩效动态演进

1）核密度估计公式

Kernel 核密度估计方法是一种利用连续密度函数曲线对随机变量的分布形态进行描述的非参数估计方法，常被用于分析数据的演进特征。

为进一步分析湖北省财政性科研支出绩效水平的动态演进规律，本书在绩效测算结果的基础上采用 Kernel 核密度估计方法，分析2011—2020年湖北省财政性科研支出绩效水平的动态演进趋势，Kernel核密度估计公式如下：

$$f(t)=\frac{1}{Nh}\sum_{i=1}^{N}K\left(\frac{x_i-\bar{x}}{h}\right) \quad (式7-4)$$

（式7-4）中，N为总体的样本观测数，h为核密度估计的带宽，x_i代表了样本观测值，$\bar{x}$为样本均值，K（·）为核密度函数，包括高斯核、三角核等类型。

本书选用高斯核函数，运用Matlab16软件测度湖北省财政性科研支出绩效水平时间演变的核密度估计结果（如图7-1所示），并分别从分布位置、形态、延展性等方面，研究湖北省财政性科研支出绩效水平的分布动态演进趋势特征。

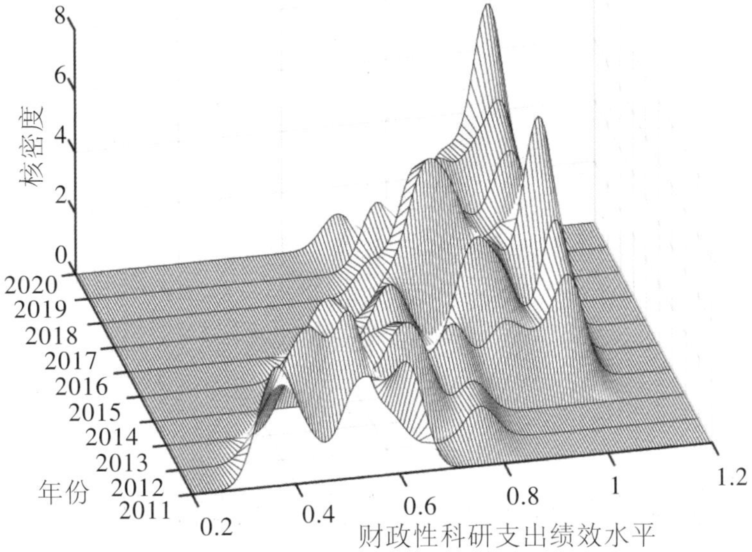

图7-1 湖北省地级市财政性科研支出绩效水平动态演进

2）结果分析

图7-1描述了考察期内湖北省财政性科研支出绩效水平的动态演进趋势。

从分布位置看，2011—2020年湖北省财政性科研支出绩效水平的核密度曲线中心右移趋势明显，说明在考察期内湖北省财政性科研支出整体绩效水平不断提高，这与前文的测度结果保持一致。

从分布态势看，湖北省财政性科研支出绩效水平的核密度曲线的主峰高度上升，宽度缩小，整个考察期内呈现多峰—双峰—单峰的演变趋势，这说明2011—2020年湖北省财政性科研支出绩效水平呈现多极分化—两极分化减弱—两级分化不明显的动态变化过程，且区域间差异逐渐缩小，极化现象减弱。

从分布延展性看，在2010—2015年，湖北省财政性科研支出绩效水平的核密度曲线右侧拖尾较为明显，说明在此考察期内有个别地市效率值较为突出，在动态演进过程中发挥了领头羊的作用，但在2016—2020年核密度曲线呈现左侧拖尾向右延伸、右侧拖尾有所收缩的趋势，这表明在此考察期内，湖北省各区域间差异逐渐缩小，地级市间追赶速度较快。

7.2 与其他科技发达省市的产出绩效比较

为全面评价湖北省财政性科研项目产出绩效，本书根据《中国区域创新能力评价报告2021》中综合科技创新水平省份排名，结合2011—2020年的相关数据，将湖北省与综合科技创新水平排名靠前的其他科技发达省市作对比分析，目的是通过区域差异横向比较，找出湖北省与其他科技发达省份产出绩效差距或优势的原因，为未来优化湖北省财政性科研支出规模与支出结构提供决策参考。

以下财政性科研项目产出绩效的省际比较，主要是围绕财政性科研项目的社会性产出、经济性产出和产出效率三方面展开的。

7.2.1 社会性产出比较

1）发表科技论文数

如图7-2所示，在测度期内，湖北省发表科技论文数总体上呈现逐步上升趋势，但与北京市、江苏省、上海市、广东省等科技较发达省市相比，在发表科技论文数上仍然存在较大差距。比如，江苏省在2020年所发表科技论文总量已经达到88 033篇，北京市、广东省也分别达到了75 942篇和72 574篇，上海市发表科技论文总量也有60 196篇，而湖北省只有49 148篇，差距显著。

从年均增长率来看，2016—2020年虽然浙江省、天津市、重庆市等省市发表科技论文数在总量上不及湖北省，但在年均增长率上却远高于湖北省，浙江省发表科技论文数年均增长率为5.3%，天津市发表科技论文数年均增长率为3.53%，重庆市发表

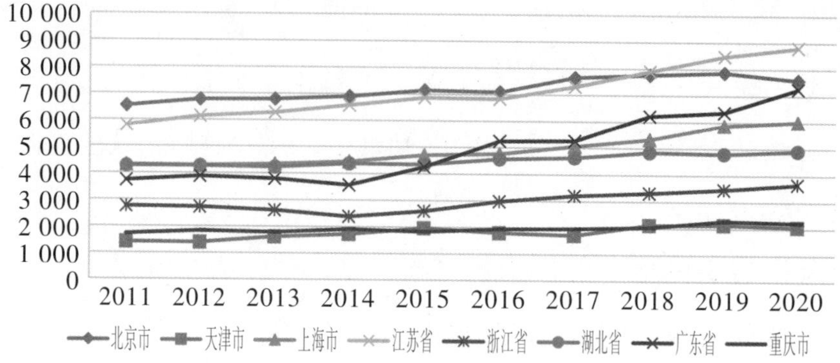

图7-2 发表科技论文数的比较（单位：篇）

数据来源：根据《中国统计年鉴》、各省份统计年鉴和《中国科技统计年鉴》以及EPS数据库整理得出。

注：彩色图片详见下方二维码。

科技论文数年均增长率为3.6%，湖北省发表科技论文数年均增长率仅为1.87%，表明湖北省发表科技论文数较浙江省、天津市、重庆市总量上具有优势，但其增速较为缓慢。

因此，湖北省还需进一步努力，发挥科教大省优势，增加发文数量并提升高校与科研院所的发文质量。

2）出版科技专著数

由图7-3可以看出，与其他省市相比，北京市的出版科技专著数总量上处于遥遥领先的水平，但其出版科技著作总量在逐年减少，呈下降趋势。湖北省的出版科技专著绝对数总体呈增长趋势，2011—2018年上升趋势明显，并在2018年达到峰值，出版科技专著数为1 416种，随后在2019—2020年有逐渐下降趋势。

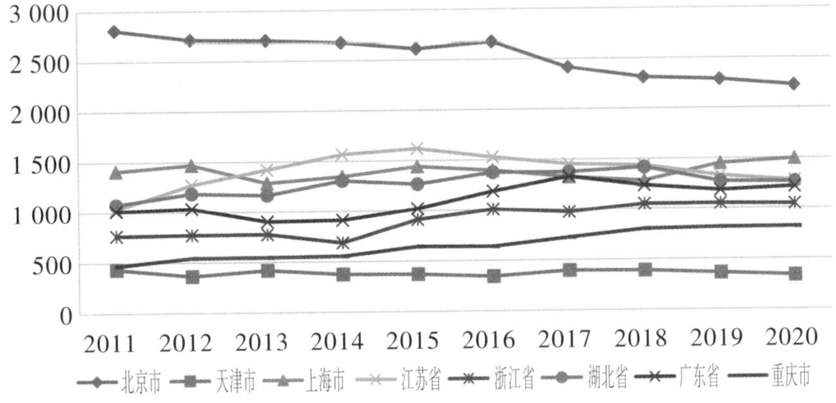

图7-3　出版科技专著数比较（单位：册）

数据来源：根据《中国统计年鉴》、各省统计年鉴和《中国科技统计年鉴》以及EPS数据库整理得出。

注：彩色图片详见下方二维码。

从出版科技专著数总量上看，湖北省远不如北京市、上海市、江苏省，但与重庆市、浙江省、天津市、广东省相比，湖北省出版科技专著数总量处于优势地位。从年均增长率来看，2011—2020年，重庆市年均增长率最高，达到6.37%，浙江省其次，年均增长率为3.49%，江苏省与广东省相似，年均增长率分别为2.05%

和2.39%，而湖北省年均增长率为1.78%，排在第五位。上海市增速较为缓慢，年均增长率仅为0.63%，北京市、天津市表现为负增长，不及湖北省的增长速度。可见，湖北省出版科技专著数，无论是总量上还是增速上，都不具备总体优势，应重视财政性科研项目产出中科技专著的出版数量增加与质量提升。

3）科技项目课题数

由图7-4可以看出，2011—2020年，湖北省与其他7个科技发达省份科技项目课题数均呈现逐年稳步上升趋势。湖北省的科技项目课题数排名较为靠前，仅较天津市和重庆市具有优势，2020年湖北省科技项目课题数为11 267项，而在同一年份北京市这一数值已经达到24 431，是湖北省的2.17倍。从年均增长率来看，湖北省年均增长率为5.55%，全国排名靠前；相比而言，重庆市、广东省年均增长率更高，分别为11.02和10.9%，北京市、上海市、江苏省、天津市、浙江省年均增长率在6%~8%之间。可见，与重庆市、广东省、北京市、上海市、江苏省、天津市、浙江省相比，湖北省在科技项目课题数方面有一定的差距。

4）发明专利有效数

从图7-5可以看出，2011—2020年，各省市发明专利有效数呈现良好的增长势头，发明专利有大幅度增加，并均在2020年达到最大值，2020年广东省和北京市发明专利有效数最多，分别为105 150件和100 673件，湖北省发明专利有效数为22 064件，与北京市和广东省相差近5倍之多。从2016—2020年的年均

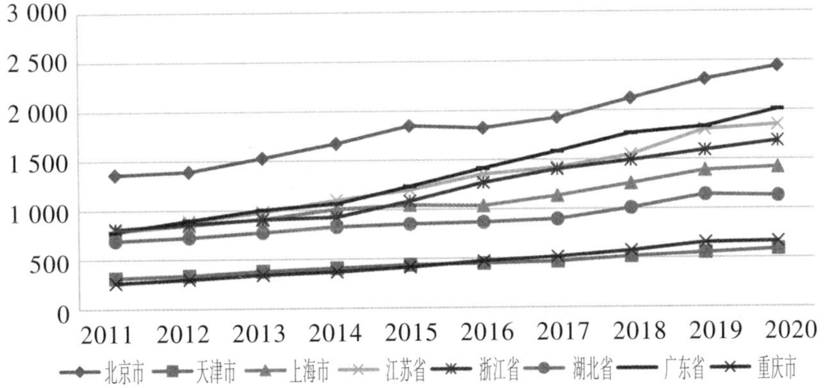

图7-4 科技项目课题数比较（单位：项）

数据来源：根据《中国统计年鉴》、各省统计年鉴和《中国科技统计年鉴》以及EPS数据库整理得出。

注：彩色图片详见下方二维码。

增长率来看，湖北省年均增长率最高，为23.55%，天津市年均增长率最低，为13.91%。由此可见，湖北省发明专利有效数虽不如一些科技发达省份，但发明专利有效数逐年稳中提升，科研实力在不断提高。

5）硕博毕业人数

硕博毕业人数可以直接反映财政性科研投入的社会效益。由图7-6可知，从总量上看，北京市位居首位，绝对优势十分明显。湖北省硕博毕业人数在总量上仅次于北京市、江苏省、上海市，优势较为明显。

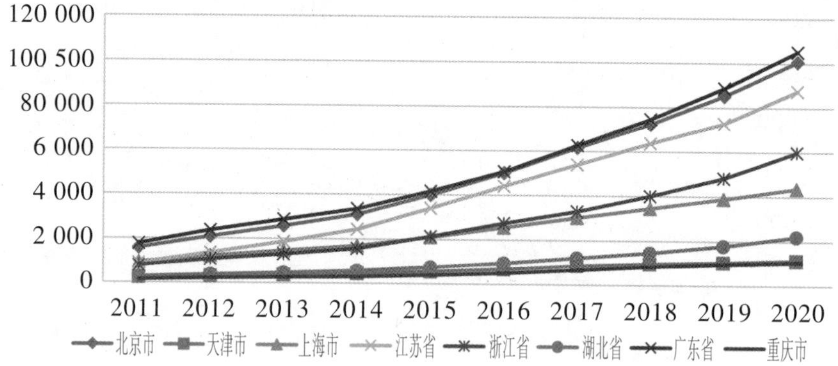

图7-5 发明专利有效数比较（单位：件）

数据来源：根据《中国统计年鉴》、各省份统计年鉴和《中国科技统计年鉴》以及EPS数据库整理得出。

注：彩色图片详见下方二维码。

从年均增长率来看，2011—2020年，天津市年均增长率最高，为8.26%，湖北省年均增长率为4.15%，排名最末，与天津市相差4.11个百分点，重庆市年均增长率为5.09%，排名第七，湖北省与重庆市还相差0.94个百分点。上海市、广东省、江苏省、浙江省的年均增长率稳定在5%~7%之间。

由此可见，湖北省财政性科研投入所培养的硕博毕业人数，虽然具有总量上的优势，但在增长速度方面，仍需进一步加大对科研人员的培养力度，并努力吸引更多的高级人才投入到科研事业，整体提升湖北省科研水平。

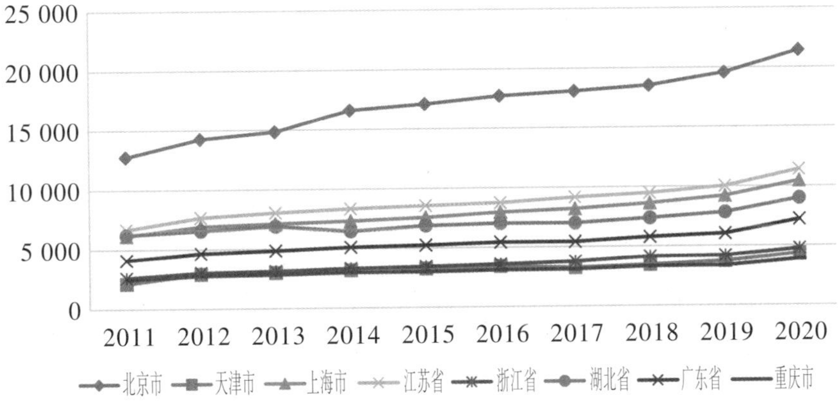

图7-6 硕博毕业人数比较（单位：人）

数据来源：根据《中国统计年鉴》、各省统计年鉴和《中国科技统计年鉴》以及EPS数据库整理得出。

注：彩色图片详见下方二维码。

6）全社会劳动生产率

由图7-7可以看出，2011—2015年，湖北省与其他7个省市全社会劳动生产率增幅均比较小，这说明在此期间，财政性科研支出的社会效益有较大提升空间。2016—2020年，各省市全社会劳动生产率上升趋势明显，而在2020年，各省市全员劳动生产率都出现了大幅度增长，这主要是因为前阶段的科技投入开始初见成效，说明要素积累达到一定程度，通过厚积薄发，财政性科研投入的社会效益开始明显。但与全社会劳动生产率增长较快的北京市、上海市、江苏省相比，湖北省的提升空间较大。

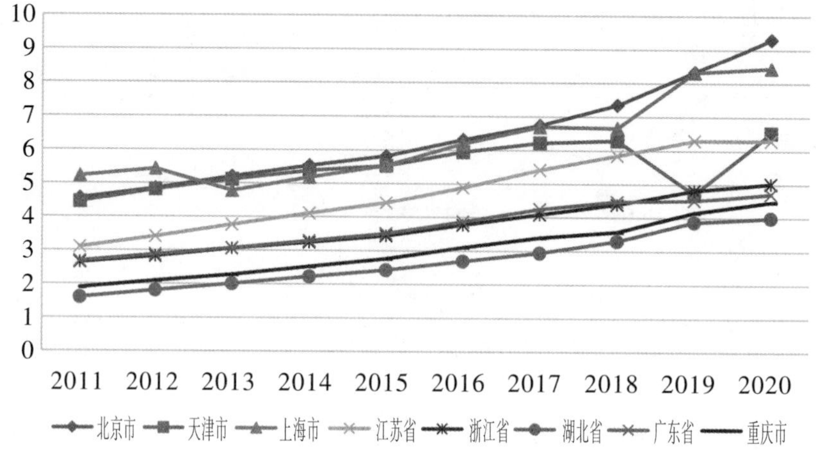

图7-7　全社会劳动生产率比较（单位：%）

数据来源：根据《中国统计年鉴》、各省统计年鉴和《中国科技统计年鉴》以及EPS数据库整理得出。

注：彩色图片详见下方二维码。

2020年湖北省全社会劳动生产率最高，达到3.99%，而北京市在该年份全社会劳动生产率已经达到9.30%，上海市和江苏省也分别达到8.45%和6.30%，这说明湖北省财政性科研投入对劳动生产率的促进效应并不是非常明显，仍需进一步努力，通过科技政策创新与财政资金配置的优化，缩小湖北省与其他科研强省之间的差距。

7.2.2 经济性产出比较

1）技术市场合同成交额

如图7-8所示，总体来看，2011—2020年，湖北省的技术市场合同成交额一直处于稳定增长态势，其中2016—2020年，技术市场合同成交额由2016年的64.203亿元上升到2020年的140.346亿元，技术市场合同成交额翻了一番。这主要得益于湖北省近几年对科研的大力扶持和科技人才及资金的积累，也说明了科技进步对湖北省产业结构的转变起到了重要的推动作用。

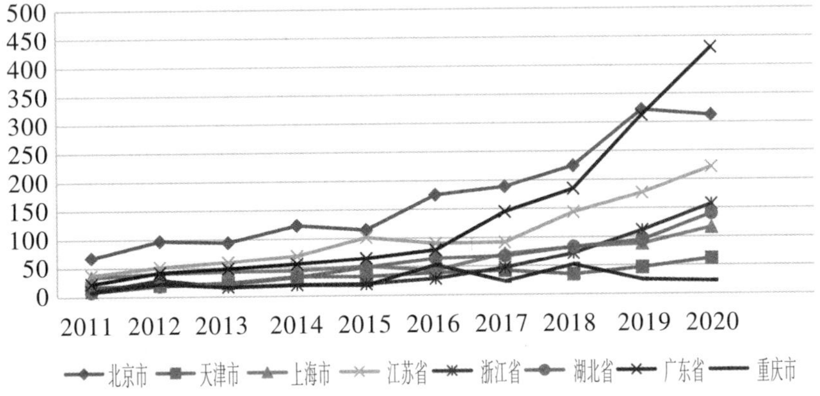

图7-8 技术市场合同成交额比较（单位：亿元）

数据来源：根据《中国统计年鉴》、各省统计年鉴和《中国科技统计年鉴》以及EPS数据库整理得出。

注：彩色图片详见下方二维码。

2011—2020年各省市技术市场合同成交额，除重庆市没有出现明显增长趋势，甚至有下降趋势之外，其他各省市均呈明显上升的趋势。相比较而言，北京市、广东省、江苏省优势明显，广东省从2016年开始有大幅的增长，以后一直处于高速增长趋势。上海市、江苏省、浙江省、天津市的技术市场合同成交额则一直呈稳步增长的态势，在2018—2020年均出现了较大幅度的增长，说明这些省市财政投入增长较快，产出中的经济效益比较明显。但是与北京市、上海市、江苏省的快速增长相比，湖北省的增长速度并不明显。因此，在总体规模上，2018—2020年，湖北省技术合同市场成交额总体上略低于北京市、上海市和江苏省。

2）高新技术产业增加值

由图7-9可以看出，2011—2020年，湖北省高新技术产业增加值绝大部分年份（2011—2019年）增长趋势明显，仅2019—2020年有下降的趋势。年平均增长率为5.26%，仅次于年均增长率为6.03%的江苏省。总体来看，湖北省高新技术产业增加值呈快速增长的趋势，2016—2020年大幅度增长，其中2018年增长速度最快，增长率达到13.7%。可见，湖北省高新技术产业增加值一直稳步增长，增速逐渐加快。但在绝对数额上，广东省、江苏省、浙江省具有绝对优势，2011—2020年高新技术产业增加值总体规模都较大，湖北省与之相比仍存在一定的差距。因此，湖北省高新技术产业增加值上升的空间较大，需要通过挖掘潜力，提高科研资源配置效率，进一步缩小与其他科技发达省份的差距。

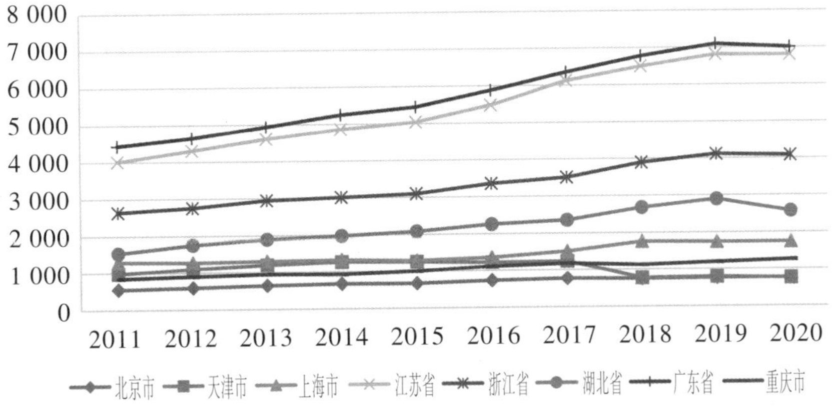

图7-9 高新技术产业增加值比较（单位：亿元）

数据来源：根据《中国统计年鉴》、各省份统计年鉴和《中国科技统计年鉴》以及EPS数据库整理得出。

注：彩色图片详见下方二维码。

3）高新技术产业新产品销售收入

由图7-10可以看出，总体规模上，高新技术产业新产品销售收入两极分化趋势明显，广东省、江苏省处于绝对优势地位，北京市次之；而湖北省、重庆市、天津市、上海市、浙江省明显处于劣势。广东省、江苏省增速远远高于其他省市，北京市一直稳步增长。尤其是广东省，2016—2020年增长迅速，增速达到50.28%，处于前列，江苏省虽也处于优势地位，但其增速为28.49%，远不如广东省增长迅速。湖北省、浙江省、上海市、浙江省在2011—2020年间波动幅度不是很大，增速较平稳；天津市、重庆市有的年份甚至出现负增长，特别是天津市比较明显。2016—2020年，湖北省高新技术产业新产品销售收入的年均增长率最高，达到23.67%，浙江省、重庆市次之，年均增长率分别为15.53%、11.7%，其余省市年均增长率在6%~10%之间。

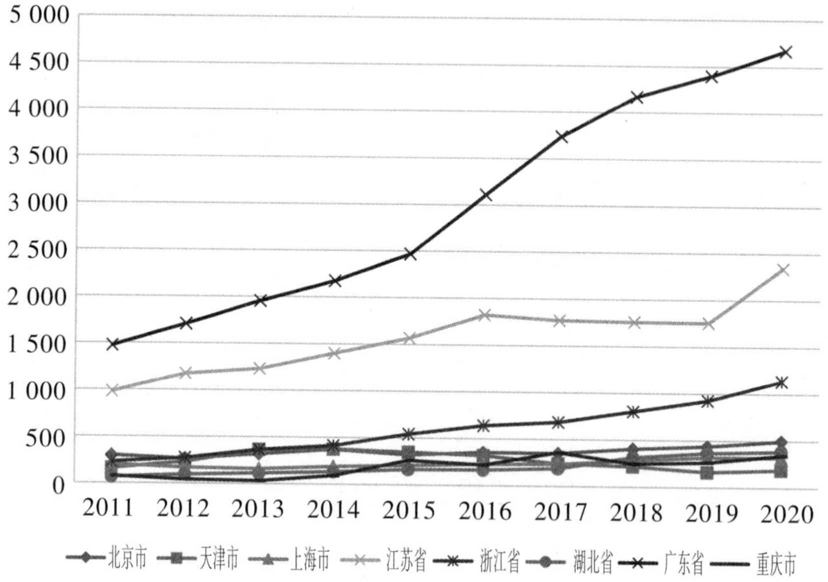

图7-10　高新技术产业新产品销售收入比较（单位：亿元）

数据来源：根据《中国统计年鉴》、各省份统计年鉴和《中国科技统计年鉴》以及EPS数据库整理得出。

注：彩色图片详见下方二维码。

4）高新技术产业主营业务收入

由图7-11可以看出，高新技术产业主营业务收入与高新技术产业销售收入变化趋势相似。

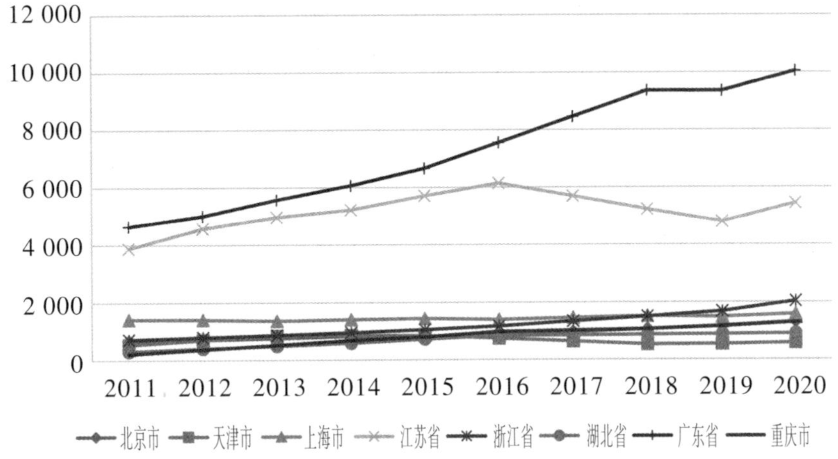

图7-11　高新技术产业主营业务收入比较（单位：亿元）

数据来源：根据《中国统计年鉴》、各省份统计年鉴和《中国科技统计年鉴》以及EPS数据库整理得出。

注：彩色图片详见下方二维码。

2011—2020年间，广东省、江苏省两地高新技术产业主营业务收入绝对数额优势明显，但年均增长率却不如重庆市、湖北省两地。2011—2020年间，重庆市、湖北省的高新技术产业主营业务收入年均增长率分别为21.62%和12.63%，这表明湖北省财政性科研投入的高新技术产业主营业务收入仅具备增速上的优势，而不具备总量上的优势。因此，湖北省应进一步优化科研投入结构、完善促进高新技术产业与市场发展的相关政策，通过高新技术产业与市场的发展提高科研产出的经济效益。

总体而言，湖北省财政性科研项目总体产出水平相对较高，经济性产出与社会性产出与北京市、上海市、广东省、浙江省、江苏省、重庆市等科技发达省市的差距各异；与其他科技发达省份相比，湖北省财政性科研项目的社会性产出绩效高于经济性产出绩效，这表明湖北省财政性科研项目的产出并未完全实现均衡发展。

从投入方面看，原因可能是财政性科研投入偏向于发表科技论文、出版科技专著、申请发明专利等科技成果产出明显的项目，而提高全社会劳动生产率、增加硕博毕业人数等社会性产出效果不明显项目的资金投入不足。

从产出方面看，原因可能是高新技术产业及市场的发展一定程度上影响了经济性产出，或科研活动的成果主要体现为发表科技论文、出版科技专著、申请发明专利，科技项目立项课题等社会性产出。对经济性产出和社会性产出两方面的重视程度有待进一步加强，这两方面的不足，成为湖北省财政性科研项目产出绩效低下的重要原因。

7.2.3 产出效率比较

本书设计的财政性科研项目产出绩效省际比较指标体系，沿用湖北省财政性科研项目产出绩效评价指标（见表4-8），利用MAXDEA8.0软件的SBM模型测度科技发达省市综合效率、经济性产出效率和社会性产出效率。为便于更直观地比较湖北省与其他科技发达省市财政性科研项目产出效率，本书对2011—2020年各省市产出效率求平均值，计算结果如表7-3所示，湖北省与其他科技发达省市科研项目产出效率对比分析如图7-12所示。

表7-3 2011—2020年湖北省与其他科技发达省市产出效率比较

省份	综合效率	经济性产出效率	社会性产出效率
北京市	1.0000	0.5140	1.0000
广东省	1.0000	1.0000	0.9338
湖北省	0.8784	0.4643	0.8578
江苏省	0.9806	0.7442	0.8027
上海市	0.9155	0.4523	0.7764
天津市	0.8282	0.6669	0.7574
浙江省	0.9341	0.5628	0.8916
重庆市	1.0000	0.7547	0.9782

数据来源：根据测算结果整理得出。

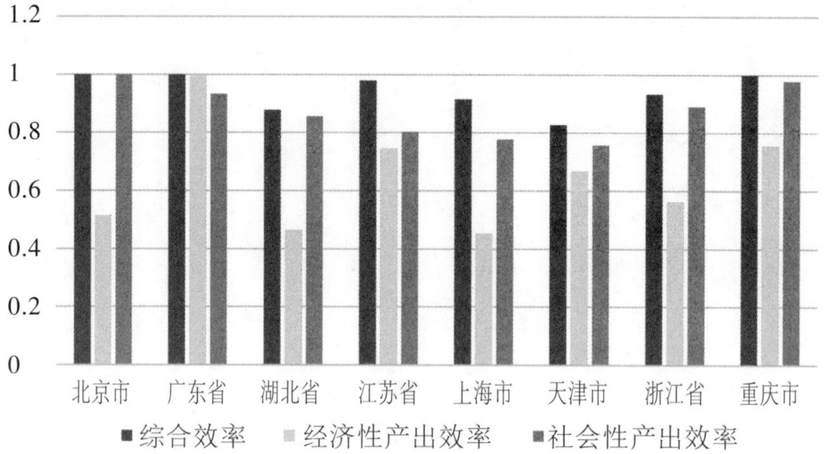

图7-12　2011—2020湖北省与其他科技发达省市产出效率对比分析图

数据来源：根据测算结果整理得出。

注：彩色图片详见下方二维码。

由表7-3可知，从各省市财政性科研项目产出的综合效率看，综合效率均值排名前三的是北京市、广东省、重庆市，这说明三省市财政性科研项目的投入产出效率相对较高，效率均值为1，但原因各不相同。北京市、广东省因其经济相对发达、人力资源充沛、科技人才方面的投入和科技经费支出较高，所以财政性科研项目综合效率较高。重庆市虽然科研投入不大，处于较低水平，但资源配置结构合理、发展趋势良好，因此综合效率相对较高。与其他科技发达省份相比，湖北省财政性科研支出的综合效率均值为0.8784，高于天津市，位于全国前列。

经济性产出是由财政性科研投入经过一定的转化而产生的直接的经济效果，与社会性产出相比，同湖北省类似，大多数省市的经济性产出效果并不是非常明显。

研究发现，除广东省外，其他省市的经济性产出效率均值普遍小于社会性产出的效率均值。广东省、江苏省、重庆市等省市财政性科研投入转化为经济性产出的效率较高，湖北省的经济性产出效率均值比较靠前，略高于上海市，湖北省的均值为0.4643，上海市为0.4523。这表明湖北省财政性科研活动对高新技术产业及技术市场的促进作用并不是非常明显，影响了经济性产出效率。

而湖北省社会性产出效率整体均值为0.8578，位列全国第五，与北京市的1.0000、广东省的0.9338以及重庆市的0.9782相比，差距较小，与浙江省的0.8916比较接近，高于上海市、天津市、江苏省等省市。

湖北省产出综合效率很大程度上是由于较高的社会性产出效率发挥了作用，这表明湖北省财政性科研支出的社会效益促进效应非常明显。

湖北省财政性科研项目经济性产出效率与社会性产出效率的差异表明，公共财政对基础研究、应用研究、试验发展三方面的投入比例并未完全实现均衡发展；基础研究、应用研究、试验发展研究的产出效率也一定程度上影响了经济性产出效率与社会性产出效率。

深入分析发现，湖北省社会性产出效率均值远高于经济性产出效率均值，这主要是由于社会性产出中的各类科技成果发挥了主要作用。科技成果是科研投入转化为社会性产出的直接体现。湖北省立足自身科教优势，拥有较多高校与科研机构，发表科技论文、科技专著、科技项目课题和专利上的优势，对提高湖北省的社会性产出效率起到了较大促进作用，使得湖北省的社会性产出效率较高。但前文分析也发现全社会劳动生产率、硕博毕业人数两项产出的不足，一定程度上制约了社会性产出效率的提高。这表明湖北省财政性科研项目社会性产出水平还具有较大的提升空间。因此，可以通过财政资金投入结构的优化、科技政策创新与管理创新，进一步挖掘财政性科研项目的产出潜力。

第 8 章　结论与政策建议

8.1　研究结论

总的来说，湖北省财政性科研投入产出综合效率全国排名靠前，位居全国第七位。湖北省已跻身创新型省份行列，创新能力呈现持续追赶态势，在中部地区处于领先地位。每年巨额的财政科技投入吸引了大量创新型、尖端型科技人才留在湖北省从事科学研究，激发了科技人员的科研热情，弥补了中央财政对湖北省科技投入的不足，充分发挥了科技在湖北省国民经济与社会发展中的关键性、基础性的支撑、引领作用；为促进湖北省科技创新与技术进步、提升湖北省科技水平、促进湖北省经济社会高质量发展，提供了重要的动力源泉；为缩小与其他科技发达省份的差距，实现湖北省科技事业高质量发展，促进湖北省在中部地区发挥科技领头羊作用，提供了重要的物质保障，为追赶、超越发达国家科技水平，建设科技强国，提供了重要战略支撑。

8.1.1 财政性科研投入方面

1）从经费规模上看

湖北省财政性科研经费投入明显不足，经费投入增长幅度与湖北省地区生产总值、财政支出增长幅度不一致，尚未形成稳定的经费增长机制。

从绝对规模上看，2011—2020年，财政性科研支出从2011年的61.86亿元上升到2020年的152.37亿元，平均每年大约增长10.53%。

从相对规模上看，2011—2020年，财政性科研支出占地区生产总值比重仅介于0.27%~0.34%之间，财政性科研支出占地区生产总值的比重比较低。财政性科研支出占财政支出比重介于1.35%~1.99%之间，湖北省财政性科研支出增长率处于2.72%~27.22%之间。湖北省R&D经费投入强度（全社会R&D经费占GDP的比重）从2011年的1.62%增长到2020年的2.09%，虽处于增长态势，但增速极为缓慢。政府资助强度（财政性R&D经费占地区生产总值的比重）一直保持在0.27%~0.34%，同样处于缓慢低速增长的态势。

2）从支出结构看

湖北省财政性科研支出结构失衡，支出结构不合理，基础研究经费占比过低，试验发展经费占比过高。

2011—2020年湖北省基础研究经费总量远远低于试验发展经费，财政性R&D经费和试验发展经费总量大，保持高速增长，湖北省财政性R&D经费在2016—2020年最高达到27.22%的增幅，试验发展经费从2011年的50.16亿元上升到2020年的124.65亿元。而基础研究经费和应用研究经费处于总量少、低速增长状态，基础研究经费从2011年的2.67亿元上升到2020年的7.59亿元，还未达到10亿元，甚至在2014年还出现了负增长，应用研究经费从2011年的9.03亿元上升到2020年的20.13亿元，在2018—2020年，平均每年增长0.58亿元。基础研究经费和应用研究经费占比远远低于试验发展经费。湖北省财政性基础研究经费和应用研究经费占财政性R&D经费的比重一直处于较低水平，2011—2020年，基础研究经费占比在3.64%~5.30%之间，平均每年为4.38%，应用研究经费占比平均每年为13.45%，而试验发展经费占比平均每年为82.17%。

3）从绝对规模上看

财政性科研投入增速较慢，财政支出中财政性科研支出的占比较低，远远落后于其他科技发达省市。

2011—2020年，湖北省财政性科研支出的总体规模呈增长趋势，从2011年的61.86亿元上升到2020年的152.37亿元。在2016—2020年大幅度增长，平均每年大约增长13.11%，2017年首次突破100亿元，在2018年增长率最快，达到27.22%。但在

2018—2020年，北京市、上海市、广东省财政性科研支出突破了300亿元，江苏省也超过了200亿元，上海市在2012年就超过了150亿元，而湖北省2020年财政性科研支出的规模甚至尚未达到上海市2012年的水平。浙江省2018—2020年分别为108.2亿元、129.51亿元、158.12亿元，尽管总量低于湖北省，但每年增幅远高于湖北省。

4）从相对规模上看

湖北省政府资助强度与地区生产总值的增速不匹配，支持力度远落后于科技发达省市，需要加大对基础研究的财政投入力度。

2011—2020年，湖北省财政性科研经费支出占财政支出的比重比较稳定，在1.35%~1.99%之间，2016—2020年，平均每年增长5.11%。尽管湖北省财政性科研经费支出总体规模呈平稳发展趋势，但是与其他科技发达的北京市、江苏省、浙江省相比，仍旧存在较大差距，北京市、江苏省、浙江省的财政性科技投入规模始终高于湖北省，在2016—2020年间，北京市财政性科研支出占财政支出的比重在3.56%~4.85%之间，平均每年增长3.85%；江苏省在1.40%~2.21%之间，平均每年增长12.03%；浙江省在1.07%~1.41%之间，平均每年增长7.06%。

与北京市、江苏省、浙江省等科技发达省市相比，湖北省的政府资助强度（财政性R&D经费占地区生产总值的比重）仍处于较低水平。在2011—2020年，湖北省的政府资助强度保持在0.27%~0.34%之间，在2016—2020年，湖北省政府资助强度分别为0.28%、0.30%、0.34%、0.33%、0.30%，平均每年增长1.74%，同期，北京市在0.80%~1.01%之间，平均每年增长0.56%，江苏省在0.18%~0.28%之间，平均每年增长11.55%，浙江省在0.16%~0.24%之间，平均每年增长10.97%。湖北省R&D投入强度并未达到2.5%，湖北省R&D经费投入还应当进一步提升，湖北省研发经费的投入总量不足。与其他科技发达省市相比，湖北省的财政性科研支出结构失衡，其中，试验发展经费的占比最大，相比之下，基础研究经费和应用研究经费占比在考察期内相对较低，湖北省财政性科研支出结构和区域科技支出强度，仍有较大的优化空间。

湖北省财政性R&D经费占全社会R&D总经费的比重远低于北京市、上海市、广东省、浙江省等国内科技发达省市。2011—2020年，湖北省财政性R&D经费占全社会R&D总经费的比重在17.81%~22.37%之间，平均每年所占比重为19.79%，而同期，北京市在47.87%~57.44%之间，平均每年所占比重为52.74%，上海市在29.43%~36.62%之间，平均每年所占比重为34.32%。其中，在2018—2020年，湖北省出现了缓慢降低，而上海市、北京市同期却一定程度上均有所上升。湖北省平均每年下降了7.24%；而上海市平均增长了2.77%、广东省和浙江省分别增长了9.38%、2.32%。

2011—2020年，湖北省基础研究经费占财政性R&D经费的比重一直维持在3.64%~5.30%之间，处于平稳发展态势。北京市处于11.59%~16.32%之间，上海市处于6.32%~8.97%之间。在2016—2020年，各省市基础研究经费占财政性R&D经费的比重均有所增加，其中湖北省平均每年增长1.03%，北京市平均每年增长3.5%，上海市平均每年增长4.94%，广东省平均每年增长3.07%，江苏省平均每年增长1.77%，浙江省平均每年增长0.11%，天津市平均每年增长1.46%。

5）从支出结构看

湖北省财政性R&D经费存在结构失衡、基础研究经费占比过低、试验发展经费占比过高的问题，基础研究经费、应用研究经费的占比远低于其他科技发达省市。

与北京市、浙江省、江苏省相比，2011—2020年，湖北省财政性R&D经费支出中基础研究经费、应用研究经费和试验发展经费存在结构失衡；湖北省基础研究经费占比、应用研究经费占比远远低于北京市、浙江省、江苏省等省市。尤其在2016—2020年，北京市基础研究经费占比平均每年为15.19%，应用研究经费占比平均每年为23.86%，试验发展经费占比平均每年为60.95%；浙江省基础研究经费占比平均每年为6.13%，应用研究经费占比平均每年为4.37%，试验发展经费占比平均每年为89.50%；江苏省基础研究经费占比平均每年为5.17%，应用研究经费占比平均每年为5.88%，试验发展经费占比平均每年为88.95%。

8.1.2 财政性科研资金产出绩效方面

1）产出效益：总产出效益快速增加，社会性产出效益明显高于经济性产出效益。

湖北省财政性科研资金所取得的社会性产出主要有发表科技论文数、出版科技专著数、科技项目课题数、发明专利有效数、硕博毕业人数以及全社会劳动生产率等；经济性产出主要有技术市场合同成交额、高新技术产业增加值、高新技术产业主营业务收入、高新技术产业新产品销售收入等。本书对2011—2020年湖北省财政性科研资金经济性产出与社会性产出指标变化趋势分析发现，总体上，财政性科研资金的经济性产出与社会性产出均呈快速增加趋势，科技成果转化加快，成果转化期普遍缩短为1~4年，社会性产出效果明显要高于经济性产出效果。

2）产出综合效率：全国排名靠前，还有一定的提升空间

2012—2020年的湖北省财政性科研资金产出的综合效率值均接近于1，综合效率比较高，表明科研资金的单位总产出比较有效，财政性科研资金得到有效配置，但离最佳效率值1还有一定差距，说明极少数年份财政性科研资金并未得到完全有效配置。其中，2014年综合效率值最低，效率值为0.7785，拉低了测度期内的效率整体水平。从当年综合效率分解项的表现来看，规模效率是造成综合效率偏低的主要原因。在综合效率较低的少数年份中，其综合效率值与规模效率值保持一致，纯技术效率始终

为1，说明投入产出完全有效，湖北省财政性科研资金产出综合效率很大程度上取决于规模效率的变化。

3）纯技术效率与规模效率：财政性科研支出管理效果明显，财政投入规模需要进一步优化

在绝大多数年份，湖北省财政性科研资金产出纯技术效率均值为1，实现了纯技术有效；只有极少数年份，纯技术效率均值比较接近于1。这说明绝大多数年份财政性科研投入在技术层面得到了有效的利用，湖北省不断优化科技支出管理的效果显著，科研支出管理充分提升了财政性科研资金的产出绩效水平。规模效率均值为0.8784，和综合效率保持一致，产出规模较为合理，规模经济效应较为明显。

结合规模收益来看，2012—2020年均处于规模收益递减阶段，规模效率接近1，规模效率比较高，科研支出规模比较合理，但离最佳投入规模还有较大的差距，只有2011年的纯技术效率与规模效率的效率值均为1，同时达到规模完全有效和技术完全有效，并且规模收益不变。

规模的改变可以带来产出的增加，需要适当调整投入规模来提升财政性科研资金产出效率。

长期看，需要继续扩大财政投入规模，优化支出结构，提升财政科技资金的规模效率。

8.1.3 区域绩效分析

1）空间演化：分布上较为集中，存在趋同效应，区域技术进步、技术扩散效果显著

2011—2020年，从局部Moran's I指数看，湖北省财政性科研支出绩效水平较高的区域和绩效水平较低的区域在地理空间分布上较为集中，存在趋同效应。

全局Moran's I指数在2013—2014年有所下降，但下降趋势不明显，在2015—2018年呈快速上升的趋势，2019—2020年呈阶段下降的趋势，并且逐渐趋于平缓。

各地级市财政性科研资金产出绩效水平在空间上具有明显的区块分布的特征，随着时间的推移，湖北省地级市财政性科研资金产出绩效水平有明显的演化迹象。

地级市在各年份相继完成由低值区向高值区的跃迁，处于低值区的地级市数量在不断减少，处于高值区的地级市数量在不断增加。

这一方面说明财政性科研投入的增加有助于各地级市科研水平的提高，另一方面也说明地级市的产出绩效水平存在空间集聚现象，并且高值区拉动低值区绩效水平，说明区域科技资金管理政策效果突出，区域技术进步、技术扩散效果显著，相关政府部门应继续加大对地级市财政科技投入资金使用方向、规模、结构的调控力度，对区域科技发展起引领、导向作用。

2）地级市综合效率：综合效率呈增长趋势，部分城市追赶速度较快

2011—2020年，湖北省12个地级市财政性科研产出综合效率均值为0.777，大于0.5，地级市财政性科研产出水平整体较高，整体呈现效率增长趋势。2011—2016年增长趋势明显，2017—2018年增速有所下降，2019—2020年再次回升，在2020年达到峰值。

从纵向看，湖北省地级市财政性科研产出综合效率均值只有极少数年份（如2011—2013年）低于综合效率平均值，大多数年份（如2014—2020年）远远高于综合效率平均值，综合效率水平显著提升。

从横向看，武汉市、黄石市、十堰市、宜昌市、襄阳市、荆门市等地级市产出综合效率均值远远高于总体效率平均值，增速较快，鄂州市、孝感市、荆州市、黄冈市、咸宁市、随州市等地级市财政性科研产出效率均值略微低于总体效率平均值，但增长速度较快。

3）地级市纯技术效率与规模效率：整体的规模效率高于纯技术效率，区域间差序发展战略效果明显

2011—2020年间，湖北省地级市财政性科研投入的产出纯技术效率均值为0.854，接近于最佳效率值1，整体变化趋势与综合效率的变化趋势一致，说明单位产出效率较高。

湖北省地级市财政性科研投入的产出纯技术效率均值，只有

2011—2013年低于总体纯技术效率均值，2014—2020年远高于总体纯技术效率均值。

纯技术效率均值高于总体纯技术效率均值的有武汉市、黄石市、十堰市、宜昌市、襄阳市、荆门市、孝感市、荆州市，纯技术效率均值低于总体纯技术效率均值的有鄂州市、黄冈市、咸宁市、随州市。产出规模效率均值为0.902，接近于最佳效率值1，规模效率非常高。

相对综合效率与纯技术效率来说，湖北省地级市规模效率值较高，其整体变化趋势与综合效率和纯技术效率一致，规模效率均值在2011—2013年低于总体纯技术效率均值，2014—2020年高于总体纯技术效率均值。地级市间的规模效率略有差异，区域差序发展战略效果明显，规模效率均值大于总体规模效率均值的有武汉市、黄石市、十堰市、荆门市、黄冈市、咸宁市，规模效率均值小于总体规模效率均值的有宜昌市、襄阳市、鄂州市、孝感市、荆州市、随州市。

8.1.4 湖北省与其他科技发达省市的产出绩效比较

1）产出水平比较：湖北省财政性科研资金总体产出水平靠前，位列全国第七

从整体产出水平看，湖北省财政性科研资金总体产出水平较高，位列全国第七，但与国内其他省份相比，经济性产出与社会性产出仅低于北京市、上海市、广东省、浙江省、江苏省、重庆

市这些科技发达省市；与其他科技发达省市相比，湖北省财政性科研资金的社会性产出绩效高于经济性产出绩效，这表明湖北省财政性科研资金的产出并未完全实现均衡发展。

投入方面的原因是，作为全国科教大省，财政资金投入规模与庞大的科技人员队伍不匹配，投入规模不足制约了规模效率的提高；财政性科研投入偏向于发表科技论文、出版科技专著、申请发明专利等科技成果产出明显的项目，而提高全社会劳动生产率、增加硕博毕业人数等社会性产出效果不明显项目的资金投入不足。

产出方面的原因主要是科研活动转化为经济效益存在一些体制、机制障碍，延缓了科研成果转化为直接经济效益的时间，对经济性产出和社会性产出两方面的重视程度有待进一步加强。

2）产出效率比较：湖北省财政性科研支出综合效率全国排名靠前，位列全国第七

湖北省财政性科研支出的综合效率均值为0.8784，排名全国靠前，位列全国第七，与其他科技发达省市相比，高于天津市，落后于北京市、广东省、重庆市、上海市、江苏省、浙江省。

湖北省社会性产出效率均值远高于经济性产出效率均值，与社会性产出相比，国内其他科技发达省份的经济性产出效果并不是非常明显。

从财政性科研资金产出的综合效率看，科技发达省市中综合效率均值排名前三的是北京市、广东省、重庆市，其财政性科研

资金的投入产出效率相对较高，效率均值为1。

除广东省外，与湖北省类似，其他科技发达省份的经济性产出效率均值普遍小于社会性产出的效率均值。

单从经济性产出效率看，只有广东省、江苏省、重庆市等全国排名前六位的省市财政性科研投入转化为经济性产出的效率较高，湖北省的经济性产出效率均值处在全国第七位，略高于上海市，湖北省的均值为0.4643，上海市为0.4523。

湖北省财政性科研活动对高新技术产业及技术市场的促进作用并不是非常明显，导致经济性产出效率均值不高，但高于全国绝大多数省份。

3）社会性产出效率比较：全国排名靠前，但还有进一步的提升空间

湖北省社会性产出效率整体均值为0.8578，位列全国第五，与北京市的1.0000、广东省的0.9338、重庆市的0.9782相比有较小的差距，与浙江省的0.8916比较接近，高于科技发达省份中的上海市、天津市、江苏省，远高于国内其他20多个省份。

湖北省产出综合效率高很大程度上是由于较高的社会性产出效率发挥了主要作用，湖北省财政对基础研究、应用研究、试验与发展三方面的投入比例并未完全实现均衡发展；湖北省社会性产出效率均值远高于经济性产出效率均值，社会性产出中的各类科技成果发挥了主要作用。

湖北省立足自身科教优势，拥有较多高校与科研机构，发表

科技论文、出版科技专著、科技项目课题和专利上的优势，对提高湖北省的社会性产出效率起到了较大促进作用，使得湖北省的社会性产出效率较高。全社会劳动生产率、硕博毕业人数两项产出的不足，制约了社会性产出效率的提高。

湖北省财政性科研资金社会性产出效率，还具有进一步提升的空间。

8.2 政策建议

1）加大财政性科研的投入，优化财政性科研投入结构，建立与科技人才规模相匹配的稳定经费增长机制

从湖北省财政性科研支出的经费规模来看，2011—2020年中的多数年份，财政性科研投入相对规模的增长率始终处于大幅度波动状态，经费投入增长率与湖北省地区生产总值、财政支出增长幅度不一致，湖北省财政性科研支出尚未形成稳定的经费增长机制，不能有效满足湖北省科学研究和经济社会发展的需求；与发达国家及国内科技发达省份相比，财政性科研支出仍存在较大的差距，制约了湖北省科技追赶速度与科技产出的综合效率的增长。

湖北省的基础研究经费占比较低，绝对规模与相对规模占比及年均经费增长率远远低于北京市、上海市，而绝大数年份中，湖北省试验发展经费占R&D经费的比重均在70%以上。财政性科研经费投入不足及经费支出结构，影响了湖北省科技产出综合效率与规模效率。

因此，湖北省应立足本省科技人才优势，加大对财政性科研的投入力度，提高科研支出在财政支出的比重，进一步优化科技支出结构，建立与湖北省科技人才规模、科学研究和经济社会长远发展需要相匹配的稳定经费增长机制，为建设、赶超其他科技发达省份提供物质保障。

2）提高基础研究经费比重，为提升湖北省财政性科研产出绩效提供动力源泉

加大科技强省的建设力度，需要高度重视对基础研究的财政投入。应用研究与试验发展的进步离不开基础研究的支持，基础研究是科技进步的源泉。

针对湖北省财政性科研产出综合效率中规模效率还没有达到最佳效率值1，即未实现完全有效，基础研究的财政投入规模与湖北省科教大省地位不匹配，基础研究经费不足，基础研究经费总量远远低于试验发展经费，综合产出效率低于其他科技发达省份，颠覆性、原创性重大科技产出不足等问题，湖北省未来需要加大基础研究经费投入力度。

国家间的竞争是实质是科技与人才的竞争，科技的进步离不开基础研究的支持，基础研究是科技创新的源头。基础研究具有初始投资额度大、见效慢、产出不确定性、企业不愿意投资的特点。与国内其他科技发达省市相比，湖北省基础研究方面科技投入仍然有较大的差距，这是湖北省财政性科研支出中的短板，也赋予湖北省提升财政性科研产出绩效的巨大空间。

湖北省应以政府为主导，实现政府、企业、市场多方统筹，实行税收优惠，引导、鼓励企业加大对基础研究经费的投入。在继续加大财政性科研投入力度的同时，应加大基础研究设施投入，优化财政预算，制定使基础研究经费增长与地区生产总值增速一致的经费保障机制，并通过地方立法的形式予以确认，对各级财政性基础研究经费预算的执行、使用、管理等相关部门实施年度审计与问责，确保财政性基础研究经费稳定增长，为实现湖北省关键领域科技突破提供物质保障。

同时，湖北省还应推动基础研究创新平台建设，设置资助基础研究的人才专项计划，完善基础研究经费专门管理办法，提高基础研究人才专项资助额度，提高基础研究项目间接费用的比重到80%或100%，完善科技人才引育使用机制，从工作环境、待遇、职称、福利等方面全方位提高基础研究科技人才的激励程度。

3）制定财政性科研投入战略规划，推动管理创新，提高科研资源配置效率

政策制定上，湖北省应结合第四次产业革命的发展趋势，充分利用湖北省的产业优势和区位优势，深入完善财政性科研投入相关政策和高新技术产业发展政策，加大对高新技术产业与技术市场的财政投入力度。

在战略规划上，湖北省应基于中美贸易战、科技战和国际局势“百年未有之大变局”的现实背景，结合湖北省未来10年或

20年经济社会发展的科技需求和国家的重大科技战略规划，制定湖北省10年或20年财政性科研投入战略规划，构建与湖北省地区生产总值增速同步的财政投入增长机制，优化统筹财政资源，加大财政性科研预算投入力度；加快完善湖北省高新技术产业10年或20年战略发展规划，抢占产业制高点，将湖北省构筑成中部地区乃至全国特色高新技术产业发展的引擎。

在具体措施上，湖北省应遵循科技创新规律，优化财政投入机制，扩大财政投入规模，充分发挥科技对产业的支撑、引领作用，选取产业链长、可以形成产业规模、对湖北省国民经济起推动作用的重点领域优先发展，以弥补高新技术在经济效益上的差距，提高财政资金配置效率和规模效率；涉及重大科技战略、特色产业发展及国民经济社会发展中关键领域中的“卡脖子”技术难题，借鉴20世纪美国“曼哈顿计划”的经验，实施有组织的科研，由政府规划、引导，组建企业、高校、科研院所等多方参与的跨部门、跨行业研究团队，聚力抓好关键核心技术攻关，提高科研的规模效率与技术效率。

4）加快推进湖北省区域科技创发展，全面提升湖北省财政性科研产出绩效整体水平

科研项目产出具有较强的区域外溢性与空间关联性，应全面梳理湖北省地级市三大梯队的科技优势与发展潜力，立足湖北省地级市的科教优势和地理区位优势，制定、完善区域差序发展、整体推进的科技发展战略，优先重点支持科技资源集中、创新能

力强、科技产出效率高的城市的发展；消除区域科技创新的痛点堵点，全力推进区域科技创新走深走实，制定科技创新型省份实施标准，构建反映区域科技创新能力的“晴雨表”，实施省市县科技创新联动，实行科技创新县市驱动，打造科技创新驱动经济高质量发展的“标杆县市”，加强创新型城市建设，推进“武汉市城市圈”科技创新共同体建设，推动区域科技创新协同发展，提升区域科技创新能力；不断加大地级市间的科研投入力度，深化财政性科研资金统筹整合，选择科技创新能力强、科技实力雄厚的武汉市、宜昌市、襄阳市、黄石市等建设成为湖北省区域科技创新示范城市，加大对科研产出效益高、效率好的城市的资助力度，打造区域科技创新增长极，将其培育成为湖北省区域科技创新的重要支点，充分发挥湖北省区域科技创新城市多支点、多中心的引领、辐射作用，全面提升湖北省财政性科研产出绩效整体水平，为建设科技发达省份提供更多战略支撑。

附录一：科研性财政投入产出绩效评价的主要文件

中共中央 国务院关于全面实施预算绩效管理的意见

（2018年9月1日）

全面实施预算绩效管理是推进国家治理体系和治理能力现代化的内在要求，是深化财税体制改革、建立现代财政制度的重要内容，是优化财政资源配置、提升公共服务质量的关键举措。为解决当前预算绩效管理中存在的突出问题，加快建成全方位、全过程、全覆盖的预算绩效管理体系，现提出如下意见：

一、全面实施预算绩效管理的必要性

党的十八大以来，在以习近平同志为核心的党中央的坚强领导下，各地区各部门认真贯彻落实党中央、国务院决策部署，财税体制改革加快推进，预算管理制度持续完善，财政资金使用绩效不断提升，对我国经济社会发展发挥了重要的支持作用。但也要看到，现行预算绩效管理仍然存在一些突出问题，主要是：绩效理念尚未牢固树立，一些地方和部门存在重投入轻管理、重支出轻绩效的意识；绩效管理的广度和深度不足，尚未覆盖所有财政资金，一些领域财政资金低效无效、闲置沉淀、损失浪费的问题较为突出，克扣挪用、截留私分、虚报冒领的问题时有发生；绩效激励约束作用不强，绩效评价结果与预算安排和政策调整的挂钩机制尚未建立。

当前，我国经济已由高速增长阶段转向高质量发展阶段，正处在转变发展方式、优化经济结构、转换增长动力的攻关期，建设现代化经济体系是跨越关口的迫切要求和我国发展的战略目标。

发挥好财政职能作用，必须按照全面深化改革的要求，加快建立现代财政制度，建立全面规范透明、标准科学、约束有力的预算制度，以全面实施预算绩效管理为关键点和突破口，解决好绩效管理中存在的突出问题，推动财政资金聚力增效，提高公共服务供给质量，增强政府公信力和执行力。

二、总体要求

（一）指导思想。

以习近平新时代中国特色社会主义思想为指导，全面贯彻党的十九大和十九届二中、三中全会精神，坚持和加强党的全面领导，坚持稳中求进工作总基调，坚持新发展理念，紧扣我国社会主要矛盾变化，按照高质量发展的要求，紧紧围绕统筹推进“五位一体”总体布局和协调推进“四个全面”战略布局，坚持以供给侧结构性改革为主线，创新预算管理方式，更加注重结果导向、强调成本效益、硬化责任约束，力争用3~5年时间基本建成全方位、全过程、全覆盖的预算绩效管理体系，实现预算和绩效管理一体化，着力提高财政资源配置效率和使用效益，改变预算资金分配的固化格局，提高预算管理水平和政策实施效果，为经济社会发展提供有力保障。

（二）基本原则

——坚持总体设计、统筹兼顾。

按照深化财税体制改革和建立现代财政制度的总体要求，统筹谋划全面实施预算绩效管理的路径和制度体系。既聚焦解决当前最紧迫问题，又着眼健全长效机制；既关注预算资金的直接产出和效果，又关注宏观政策目标的实现程度；既关注新出台政策、项目的科学性和精准度，又兼顾延续政策、项目的必要性和有效性。

——坚持全面推进、突出重点。

预算绩效管理既要全面推进，将绩效理念和方法深度融入预算编制、执行、监督全过程，构建事前事中事后绩效管理闭环系统，又要突出重点，坚持问题导向，聚焦提升覆盖面广、社会关注度高、持续时间长的重大政策、项目的实施效果。

——坚持科学规范、公开透明。

抓紧健全科学规范的管理制度，完善绩效目标、绩效监控、绩效评价、结果应用等管理流程，健全共性的绩效指标框架和分行业领域的绩效指标体系，推动预算绩效管理标准科学、程序规范、方法合理、结果可信。大力推进绩效信息公开透明，主动向同级人大报告、向社会公开，自觉接受人大和社会各界监督。

——坚持权责对等、约束有力。

建立责任约束制度，明确各方预算绩效管理职责，清晰界定权责边界。健全激励约束机制，实现绩效评价结果与预算安排和政策调整挂钩。增强预算统筹能力，优化预算管理流程，调动地方和部门的积极性、主动性。

三、构建全方位预算绩效管理格局

（三）实施政府预算绩效管理。

将各级政府收支预算全面纳入绩效管理。各级政府预算收入要实事求是、积极稳妥、讲求质量，必须与经济社会发展水平相适应，严格落实各项减税降费政策，严禁脱离实际制定增长目标，严禁虚收空转、收取过头税费，严禁超出限额举借政府债务。各级政府预算支出要统筹兼顾、突出重点、量力而行，着力支持国家重大发展战略和重点领域改革，提高保障和改善民生水平，同时不得设定过高民生标准和擅自扩大保障范围，确保财政资源高效配置，增强财政可持续性。

（四）实施部门和单位预算绩效管理。

将部门和单位预算收支全面纳入绩效管理，赋予部门和资金使用单位更多的管理自主权，围绕部门和单位职责、行业发展规划，以预算资金管理为主线，统筹考虑资产和业务活动，从运行成本、管理效率、履职效能、社会效应、可持续发展能力和服务对象满意度等方面，衡量部门和单位整体及核心业务实施效果，推动提高部门和单位整体绩效水平。

（五）实施政策和项目预算绩效管理。

将政策和项目全面纳入绩效管理，从数量、质量、时效、成本、效益等方面，综合衡量政策和项目预算资金使用效果。对实施期超过一年的重大政策和项目实行全周期跟踪问效，建立动态评价调整机制，政策到期、绩效低下的政策和项目要及时清理退出。

四、建立全过程预算绩效管理链条

（六）建立绩效评估机制。

各部门各单位要结合预算评审、项目审批等，对新出台重大政策、项目开展事前绩效评估，重点论证立项必要性、投入经济性、绩效目标合理性、实施方案可行性、筹资合规性等，投资主管部门要加强基建投资绩效评估，评估结果作为申请预算的必备要件。各级财政部门要加强新增重大政策和项目预算审核，必要时可以组织第三方机构独立开展绩效评估，审核和评估结果作为预算安排的重要参考依据。

（七）强化绩效目标管理。

各地区各部门编制预算时要贯彻落实党中央、国务院各项决策部署，分解细化各项工作要求，结合本地区本部门实际情况，全面设置部门和单位整体绩效目标、政策及项目绩效目标。绩效目标不仅要包括产出、成本，还要包括经济效益、社会效益、生态效益、可持续影响和服务对象满意度等绩效指标。各级财政部门要将绩效目标设置作为预算安排的前置条件，加强绩效目标审核，将绩效目标与预算同步批复下达。

（八）做好绩效运行监控。

各级政府和各部门各单位对绩效目标实现程度和预算执行进度实行“双监控”，发现问题要及时纠正，确保绩效目标如期保质保量实现。各级财政部门建立重大政策、项目绩效跟踪机制，对存在严重问题的政策、项目要暂缓或停止预算拨款，督促及时整改落实。各级财政部门要按照预算绩效管理要求，加强国库现金管理，降低资金运行成本。

（九）开展绩效评价和结果应用。

通过自评和外部评价相结合的方式，对预算执行情况开展绩效评价。各部门各单位对预算执行情况以及政策、项目实施效果开展绩效自评，评价结果报送本级财政部门。各级财政部门建立重大政策、项目预算绩效评价机制，逐步开展部门整体绩效评价，对下级政府财政运行情况实施综合绩效评价，必要时可以引入第三方机构参与绩效评价。健全绩效评价结果反馈制度和绩效问题整改责任制，加强绩效评价结果应用。

五、完善全覆盖预算绩效管理体系

（十）建立一般公共预算绩效管理体系。

各级政府要加强一般公共预算绩效管理。

收入方面，要重点关注收入结构、征收效率和优惠政策实施效果。

支出方面，要重点关注预算资金配置效率、使用效益，特别是重大政策和项目实施效果，其中转移支付预算绩效管理要符合财政事权和支出责任划分规定，重点关注促进地区间财力协调和区域均衡发展。同时，积极开展涉及一般公共预算等财政资金的政府投资基金、主权财富基金、政府和社会资本合作（PPP）、政府采购、政府购买服务、政府债务项目绩效管理。

（十一）建立其他政府预算绩效管理体系。

除一般公共预算外，各级政府还要将政府性基金预算、国有资本经营预算、社会保险基金预算全部纳入绩效管理，加强四本预算之间的衔接。

政府性基金预算绩效管理，要重点关注基金政策设立延续依据、征收标准、使用效果等情况，地方政府还要关注其对专项债务的支撑能力。国有资本经营预算绩效管理，要重点关注贯彻国家战略、收益上缴、支出结构、使用效果等情况。社会保险基金预算绩效管理，要重点关注各类社会保险基金收支政策效果、基金管理、精算平衡、地区结构、运行风险等情况。

六、健全预算绩效管理制度

（十二）完善预算绩效管理流程。

围绕预算管理的主要内容和环节，完善涵盖绩效目标管理、绩效运行监控、绩效评价管理、评价结果应用等各环节的管理流程，制定预算绩效管理制度和实施细则。建立专家咨询机制，引导和规范第三方机构参与预算绩效管理，严格执业质量监督管理。加快预算绩效管理信息化建设，打破“信息孤岛”和“数据烟囱”，促进各级政府和各部门各单位的业务、财务、资产等信息互联互通。

（十三）健全预算绩效标准体系。

各级财政部门要建立健全定量和定性相结合的共性绩效指标框架。各行业主管部门要加快构建分行业、分领域、分层次的核心绩效指标和标准体系，实现科学合理、细化量化、可比可测、动态调整、共建共享。绩效指标和标准体系要与基本公共服务标准、部门预算项目支出标准等衔接匹配，突出结果导向，重点考核实绩。创新评估评价方法，立足多维视角和多元数据，依托大数据分析技术，运用成本效益分析法、比较法、因素分析法、公众评判法、标杆管理法等，提高绩效评估评价结果的客观性和准确性。

七、硬化预算绩效管理约束

（十四）明确绩效管理责任约束。

按照党中央、国务院统一部署，财政部要完善绩效管理的责任约束机制，地方各级政府和各部门各单位是预算绩效管理的责任主体。

地方各级党委和政府主要负责同志对本地区预算绩效负责，部门和单位主要负责同志对本部门本单位预算绩效负责，项目责任人对项目预算绩效负责，对重大项目的责任人实行绩效终身责任追究制，切实做到花钱必问效、无效必问责。

（十五）强化绩效管理激励约束。

各级财政部门要抓紧建立绩效评价结果与预算安排和政策调整挂钩机制，将本级部门整体绩效与部门预算安排挂钩，将下级政府财政运行综合绩效与转移支付分配挂钩。

对绩效好的政策和项目原则上优先保障，对绩效一般的政策和项目要督促改进，对交叉重复、碎片化的政策和项目予以调整，对低效无效资金一律削减或取消，对长期沉淀的资金一律收回并按照有关规定统筹用于亟需支持的领域。

八、保障措施

（十六）加强绩效管理组织领导。

坚持党对全面实施预算绩效管理工作的领导，充分发挥党组织的领导作用，增强把方向、谋大局、定政策、促改革的能力和定力。财政部要加强对全面实施预算绩效管理工作的组织协调。各地区各部门要加强对本地区本部门预算绩效管理的组织领导，切实转变思想观念，牢固树立绩效意识，结合实际制定实施办法，加强预算绩效管理力量，充实预算绩效管理人员，督促指导有关政策措施落实，确保预算绩效管理延伸至基层单位和资金使用终端。

（十七）加强绩效管理监督问责。

审计机关要依法对预算绩效管理情况开展审计监督，财政、审计等部门发现违纪违法问题线索，应当及时移送纪检监察机关。

各级财政部门要推进绩效信息公开，重要绩效目标、绩效评价结果要与预决算草案同步报送同级人大、同步向社会主动公开，搭建社会公众参与绩效管理的途径和平台，自觉接受人大和社会各界监督。

（十八）加强绩效管理工作考核。

各级政府要将预算绩效结果纳入政府绩效和干部政绩考核体系，作为领导干部选拔任用、公务员考核的重要参考，充分调动各地区各部门履职尽责和干事创业的积极性。

各级财政部门负责对本级部门和预算单位、下级财政部门预算绩效管理工作情况进行考核。建立考核结果通报制度，对工作成效明显的地区和部门给予表彰，对工作推进不力的进行约谈并责令限期整改。

全面实施预算绩效管理是党中央、国务院作出的重大战略部署，是政府治理和预算管理的深刻变革。

各地区各部门要更加紧密地团结在以习近平同志为核心的党中央周围，把思想认识和行动统一到党中央、国务院决策部署上来，增强“四个意识”，坚定“四个自信”，提高政治站位，把全面实施预算绩效管理各项措施落到实处，为决胜全面建成小康社会、夺取新时代中国特色社会主义伟大胜利、实现中华民族伟大复兴的中国梦奠定坚实基础。

财政部关于印发《项目支出绩效评价管理办法》的通知

财预〔2020〕10号

有关中央预算单位，各省、自治区、直辖市、计划单列市财政厅（局），新疆生产建设兵团财政局：

为深入贯彻落实《中共中央 国务院关于全面实施预算绩效管理的意见》精神，我们在《财政支出绩效评价管理暂行办法》（财预〔2011〕285号）的基础上，修订形成了《项目支出绩效评价管理办法》，现予印发，请遵照执行。

财政部

2020年2月25日

项目支出绩效评价管理办法

第一章　总　则

第一条　为全面实施预算绩效管理，建立科学、合理的项目支出绩效评价管理体系，提高财政资源配置效率和使用效益，根据《中华人民共和国预算法》和《中共中央 国务院关于全面实施预算绩效管理的意见》等有关规定，制定本办法。

第二条　项目支出绩效评价（以下简称绩效评价）是指财政部门、预算部门和单位，依据设定的绩效目标，对项目支出的经济性、效率性、效益性和公平性进行客观、公正的测量、分析和评判。

第三条　一般公共预算、政府性基金预算、国有资本经营预算项目支出的绩效评价适用本办法。涉及预算资金及相关管理活动，如政府投资基金、主权财富基金、政府和社会资本合作（PPP）、政府购买服务、政府债务项目等绩效评价可参照本办法执行。

第四条　绩效评价分为单位自评、部门评价和财政评价三种方式。单位自评是指预算部门组织部门本级和所属单位对预算批复的项目绩效目标完成情况进行自我评价。部门评价是指预算部门根据相关要求，运用科学、合理的绩效评价指标、评价标准和方法，对本部门的项目组织开展的绩效评价。财政评价是财政部门对预算部门的项目组织开展的绩效评价。

第五条　绩效评价应当遵循以下基本原则：

（一）科学公正。

绩效评价应当运用科学合理的方法，按照规范的程序，对项目绩效进行客观、公正的反映。

（二）统筹兼顾。

单位自评、部门评价和财政评价应职责明确，各有侧重，相互衔接。单位自评应由项目单位自主实施，即“谁支出、谁自评”。部门评价和财政评价应在单位自评的基础上开展，必要时可委托第三方机构实施。

（三）激励约束。

绩效评价结果应与预算安排、政策调整、改进管理实质性挂钩，体现奖优罚劣和激励相容导向，有效要安排、低效要压减、无效要问责。

（四）公开透明。

绩效评价结果应依法依规公开，并自觉接受社会监督。

第六条 绩效评价的主要依据：

（一）国家相关法律、法规和规章制度；

（二）党中央、国务院重大决策部署，经济社会发展目标，地方各级党委和政府重点任务要求；

（三）部门职责相关规定；

（四）相关行业政策、行业标准及专业技术规范；

（五）预算管理制度及办法，项目及资金管理办法、财务和会计资料；

（六）项目设立的政策依据和目标，预算执行情况，年度决算报告、项目决算或验收报告等相关材料；

（七）本级人大审查结果报告、审计报告及决定，财政监督稽核报告等；

（八）其他相关资料。

第七条 绩效评价期限包括年度、中期及项目实施期结束后；对于实施期5年及以上的项目，应适时开展中期和实施期后绩效评价。

第二章 绩效评价的对象和内容

第八条 单位自评的对象包括纳入政府预算管理的所有项目支出。

第九条 部门评价对象应根据工作需要，优先选择部门履职的重大改革发展项目，随机选择一般性项目。原则上应以5年为周期，实现部门评价重点项目全覆盖。

第十条 财政评价对象应根据工作需要，优先选择贯彻落实党中央、国务院重大方针政策和决策部署的项目，覆盖面广、影响力大、社会关注度高、实施期长的项目。对重点项目应周期性组织开展绩效评价。

第十一条 单位自评的内容主要包括项目总体绩效目标、各项绩效指标完成情况以及预算执行情况。对未完成绩效目标或偏离绩效目标较多的项目要分析并说明原因，研究提出改进措施。

第十二条 财政和部门评价的内容主要包括：

（一）决策情况；

（二）资金管理和使用情况；

（三）相关管理制度办法的健全性及执行情况；

（四）实现的产出情况；

（五）取得的效益情况；

（六）其他相关内容。

第三章 绩效评价指标、评价标准和方法

第十三条 单位自评指标是指预算批复时确定的绩效指标，包括项目的产出数量、质量、时效、成本，以及经济效益、社会效益、生态效益、可持续影响、服务对象满意度等。

单位自评指标的权重由各单位根据项目实际情况确定。原则上预算执行率和一级指标权重统一设置为：预算执行率10%、产出指标50%、效益指标30%、服务对象满意度指标10%。如有特殊情况，一级指标权重可做适当调整。二、三级指标应当根据指标重要程度、项目实施阶段等因素综合确定，准确反映项目的产出和效益。

第十四条 财政和部门绩效评价指标的确定应当符合以下要求：与评价对象密切相关，全面反映项目决策、项目和资金管理、产出和效益；优先选取最具代表性、最能直接反映产出和效益的核心指标，精简实用；指标内涵应当明确、具体、可衡量，

数据及佐证资料应当可采集、可获得；同类项目绩效评价指标和标准应具有一致性，便于评价结果相互比较。

财政和部门评价指标的权重根据各项指标在评价体系中的重要程度确定，应当突出结果导向，原则上产出、效益指标权重不低于60%。同一评价对象处于不同实施阶段时，指标权重应体现差异性，其中，实施期间的评价更加注重决策、过程和产出，实施期结束后的评价更加注重产出和效益。

第十五条 绩效评价标准通常包括计划标准、行业标准、历史标准等，用于对绩效指标完成情况进行比较。

（一）计划标准，指以预先制定的目标、计划、预算、定额等作为评价标准。

（二）行业标准，指参照国家公布的行业指标数据制定的评价标准。

（三）历史标准，指参照历史数据制定的评价标准，为体现绩效改进的原则，在可实现的条件下应当确定相对较高的评价标准。

（四）财政部门和预算部门确认或认可的其他标准。

第十六条 单位自评采用定量与定性评价相结合的比较法，总分由各项指标得分汇总形成。

定量指标得分按照以下方法评定：与年初指标值相比，完成指标值的，记该指标所赋全部分值；对完成值高于指标值较多的，要分析原因，如果是由于年初指标值设定明显偏低造成的，要按照偏离度适度调减分值；未完成指标值的，按照完成值与指标值的比例记分。

定性指标得分按照以下方法评定：根据指标完成情况分为达成年度指标、部分达成年度指标并具有一定效果、未达成年度指标且效果较差三档，分别按照该指标对应分值区间80%（含）~100%、60%（含）~80%、0~60%合理确定分值。

第十七条 财政和部门评价的方法主要包括成本效益分析法、比较法、因素分析法、最低成本法、公众评判法、标杆管理法等。根据评价对象的具体情况，可采用一种或多种方法。

（一）成本效益分析法，是指将投入与产出、效益进行关联性分析的方法。

（二）比较法，是指将实施情况与绩效目标、历史情况、不同部门和地区同类支出情况进行比较的方法。

（三）因素分析法，是指综合分析影响绩效目标实现、实施效果的内外部因素的方法。

（四）最低成本法，是指在绩效目标确定的前提下，成本最小者为优的方法。

（五）公众评判法，是指通过专家评估、公众问卷及抽样调查等方式进行评判的方法。

（六）标杆管理法，是指以国内外同行业中较高的绩效水平为标杆进行评判的方法。

（七）其他评价方法。

第十八条 绩效评价结果采取评分和评级相结合的方式，具体分值和等级可根据不同评价内容设定。总分一般设置为100分，等级一般划分为四档：90（含）~100分为优、80（含）~90分为良、60（含）~80分为中、60分以下为差。

第四章 绩效评价的组织管理与实施

第十九条 财政部门负责拟定绩效评价制度办法，指导本级各部门和下级财政部门开展绩效评价工作；会同有关部门对单位自评和部门评价结果进行抽查复核，督促部门充分应用自评和评价结果；根据需要组织实施绩效评价，加强评价结果反馈和应用。

第二十条 各部门负责制定本部门绩效评价办法，组织部门本级和所属单位开展自评工作，汇总自评结果，加强自评结果审核和应用；具体组织实施部门评价工作，加强评价结果反馈和应用。积极配合财政评价工作，落实评价整改意见。

第二十一条 部门本级和所属单位按照要求具体负责自评工作，对自评结果的真实性和准确性负责，自评中发现的问题要及时进行整改。

第二十二条 财政和部门评价工作主要包括以下环节：

（一）确定绩效评价对象和范围；

（二）下达绩效评价通知；

（三）研究制订绩效评价工作方案；

（四）收集绩效评价相关数据资料，并进行现场调研、座谈；

（五）核实有关情况，分析形成初步结论；

（六）与被评价部门（单位）交换意见；

（七）综合分析并形成最终结论；

（八）提交绩效评价报告；

（九）建立绩效评价档案。

第二十三条 财政和部门评价根据需要可委托第三方机构或相关领域专家（以下简称第三方，主要是指与资金使用单位没有直接利益关系的单位和个人）参与，并加强对第三方的指导，对第三方工作质量进行监督管理，推动提高评价的客观性和公正性。

第二十四条 部门委托第三方开展绩效评价的，要体现委托人与项目实施主体相分离的原则，一般由主管财务的机构委托，确保绩效评价的独立、客观、公正。

第五章 绩效评价结果应用及公开

第二十五条 单位自评结果主要通过项目支出绩效自评表的形式反映，做到内容完整、权重合理、数据真实、结果客观。财政和部门评价结果主要以绩效评价报告的形式体现，绩效评价报告应当依据充分、分析透彻、逻辑清晰、客观公正。

绩效评价工作和结果应依法自觉接受审计监督。

第二十六条 各部门应当按照要求随同部门决算向本级财政部门报送绩效自评结果。

部门和单位应切实加强自评结果的整理、分析，将自评结果作为本部门、本单位完善政策和改进管理的重要依据。对预算执行率偏低、自评结果较差的项目，要单独说明原因，提出整改措施。

第二十七条 财政部门和预算部门应在绩效评价工作完成后，及时将评价结果反馈被评价部门（单位），并明确整改时限；被评价部门（单位）应当按要求向财政部门或主管部门报送整改落实情况。

各部门应按要求将部门评价结果报送本级财政部门，评价结果作为本部门安排预算、完善政策和改进管理的重要依据；财政评价结果作为安排政府预算、完善政策和改进管理的重要依据。原则上，对评价等级为优、良的，根据情况予以支持；对评价等级为中、差的，要完善政策、改进管理，根据情况核减预算。对不进行整改或整改不到位的，根据情况相应调减预算或整改到位后再予安排。

第二十八条 各级财政部门、预算部门应当按照要求将绩效评价结果分别编入政府决算和本部门决算，报送本级人民代表大会常务委员会，并依法予以公开。

第六章 法律责任

第二十九条 对使用财政资金严重低效无效并造成重大损失的责任人，要按照相关规定追责问责。对绩效评价过程中发现的资金使用单位和个人的财政违法行为，依照《中华人民共和国预算法》《财政违法行为处罚处分条例》等有关规定追究责任；发现违纪违法问题线索的，应当及时移送纪检监察机关。

第三十条 各级财政部门、预算部门和单位及其工作人员在绩效评价管理工作中存在违反本办法的行为，以及其他滥用职权、玩忽职守、徇私舞弊等违法违纪行为的，依照《中华人民共和国预算法》《中华人民共和国公务员法》《中华人民共和国监察法》《财政违法行为处罚处分条例》等国家有关规定追究相应责任；涉嫌犯罪的，依法移送司法机关处理。

第七章 附则

第三十一条 各地区、各部门可结合实际制定具体的管理办法和实施细则。

第三十二条 本办法自印发之日起施行。《财政支出绩效评价管理暂行办法》（财预〔2011〕285号）同时废止。

附：1.项目支出绩效自评表

2.项目支出绩效评价指标体系框架（参考）

3.项目支出绩效评价报告（参考提纲）

湖北省省级预算绩效评价管理暂行办法

第一章　总则

第一条　为了加强省级预算绩效评价管理，切实提高财政资源配置效率和使用效益，根据《中华人民共和国预算法》《中共中央 国务院关于全面实施预算绩效管理的意见》（中发〔2018〕34号）等规定，结合预算绩效管理工作实际，制定本办法。

第二条　本办法适用于省直部门和省财政厅开展的省级预算绩效评价活动。

第三条　本办法所称省级预算绩效评价，是指省直部门、省财政厅运用科学、严谨的方法和程序，选取具有代表性的样本，对省级预算资金及其使用主体的支出行为、产出和效果情况进行客观公正的评价，形成评价结果的过程。

第四条　省直部门、省财政厅是绩效评价的主体。

第五条　绩效评价应当遵循以下基本原则：

（一）科学公正。

绩效评价应当运用科学合理的方法，按照规范的程序，对省级预算绩效进行客观、公正的反映。

（二）统筹兼顾。

部门自评和财政评价应职责分明，各有侧重。部门自评由省直部门开展，侧重于绩效目标完成情况的自我检查；财政评价由省财政厅开展，侧重于财政资金使用效益或政策实施效果的全面反映。

（三）责任约束。

部门主要负责同志应当对本部门预算绩效负责。自评工作方案应当呈省直部门主要负责同志审核；部门自评结果、财政评价结果应当送部门主要负责同志审签。

（四）公开透明。

绩效评价结果应依法依规公开，并自觉接受社会监督。

第六条　绩效评价的主要依据：

（一）国家及湖北省相关法律、法规和规章制度；

（二）党中央、国务院重大决策部署，经济社会发展目标，湖北省省委和省政府重点任务要求；

（三）部门职责相关规定；

（四）相关行业政策、行业标准及专业技术规范；

（五）预算管理制度、预算绩效管理制度及办法，项目及资金管理办法、财务和会计资料；

（六）项目设立的政策依据和目标，预算执行情况，年度决算报告、项目决算或验收报告等相关材料；

（七）省人大审查结果报告、审计报告及决定、财政监督稽核报告等；

（八）其他相关资料。

第二章 职责分工

第七条 省财政厅的主要职责：

（一）研究制定省级预算绩效评价管理办法；

（二）组织开展财政评价，出具绩效评价结果；

（三）指导和监督省直部门的部门自评工作；

（四）应当履行的其他绩效评价职责。

第八条 省直部门的主要职责：

（一）具体组织实施本部门管理的省级预算资金的部门自评，出具部门自评结果；

（二）配合完成省财政厅组织的财政评价；

（三）应当履行的其他绩效评价职责。

第三章 管理的范围和内容

第九条 根据完善全覆盖预算绩效管理体系的要求，绩效评价的范围是所有省级预算资金，包括一般公共预算、政府性基金预算、国有资本经营预算和社会保险基金预算，以及涉及一般公共预算等财政资金的政府投资基金、政府和社会资本合作（PPP）、政府采购、政府购买服务、政府债务项目等。

第十条 绩效评价按以下方式分类：

（一）按照评价主体分为部门自评和财政评价。省直部门开展的评价为部门自评；省财政厅开展的评价为财政评价，财政评价包括重点评价和再评价。

（二）按照评价客体分为项目评价、政策评价、部门整体绩效评价、对下级政府财政运行情况的综合绩效评价等。

第十一条 绩效评价一般以预算年度为周期。对延续年度的重大项目可以根据项目进展或支出完成情况实施阶段性评价，全部完成后适时开展全周期绩效评价。科研项目应当按照中央和省有关科研项目管理要求组织开展绩效评价。

第十二条 根据构建全方位预算绩效管理格局的要求，绩效评价的范围包括：

（一）部门自评的范围。省直部门每年对本部门管理的所有省级预算一级项目和二级项目开展部门自评，项目包括部门预算项目（不含不可预见经费）、省直专项、省对下专项转移支付、具有特定用途和具体使用目标的共同事权类一般性转移支付。省直部门每年对本部门整体绩效开展部门自评。

（二）财政评价的范围。原则上对省直专项、省对下专项转移支付项目、具有特定用途和具体使用目标的共同事权类一般性转移支付财政评价实现每5年全覆盖。对财政评价结果显示需进一步提升绩效的项目，可以持续开展财政评价。对一次性项目，应当在次年开展财政评价。对实施期不超过5年的延续性项目，应当根据项目进展开展财政评价。省财政厅逐步开展对省直部门整体绩效的财政评价。

第十三条 绩效评价的主要内容：

（一）项目绩效评价。

主要从产出、效果等方面，综合衡量项目预算资金使用效果，侧重于绩效改进。

（二）政策绩效评价。

主要从政策制定的必要性和合理性、政策执行的效率性和合规性、政策目标的实现程度等方面，综合衡量政策实施效果，侧重于政策调整。

（三）部门整体绩效评价。

主要围绕部门和单位职责、行业发展规划，以预算资金管理为主线，统筹考虑资产和业务活动，财政评价从运行成本、管理效率、履职效能、社会效应、可持续发展能力和服务对象满意度等方面，部门自评从产出和效果等方面，衡量部门和单位整体及核心业务实施效果，侧重于提高部门和单位整体绩效水平。

第四章　绩效评价指标、方法和结果

第十四条　绩效评价指标是指衡量绩效目标实现程度的考核工具。部门自评应当根据预算批复的绩效指标开展绩效评价，不得另行设定绩效评价指标。根据预算批复的绩效指标开展绩效评价完成后，确有需要的，可另设绩效评价指标开展评价，评价结果可不报省财政厅备案，绩效评价指标中的产出指标和效果指标应作为次年绩效目标进行设置。财政评价可以根据需要另行设定绩效评价指标。

第十五条 绩效评价方法主要采用成本效益分析法、比较法、因素分析法、最低成本法、公众评判法、标杆管理法等。根据评价对象的具体情况，应当采用两种以上方法。

（一）成本效益分析法，是指将投入与产出、效益进行关联性分析的方法。

（二）比较法，是指将实施情况与绩效目标、历史情况、不同部门和地区同类支出情况进行比较的方法。

（三）因素分析法，是指综合分析影响绩效目标实现、实施效果的内外部因素的方法。

（四）最低成本法，是指在绩效目标确定的前提下，成本最小者为优的方法。

（五）公众评判法，是指通过专家评估、公众问卷及抽样调查等方式进行评判的方法。

（六）标杆管理法，是指以国内外同行业中较高的绩效水平为标杆进行评判的方法。

（七）其他评价方法。

第十六条 绩效评价应当选择一定数量的样本进行。原则上，样本总量按照资金额度或市县（项目）个数的20%确定，样本个体采取分类、分层抽样的办法确定，应当具有广泛代表性。可以根据委托方要求，适当增加样本总量，直至实现全覆盖。

第十七条 绩效评价组织方式包括两种，可以由省直部门或省财政厅自行实施，也可以委托第三方机构实施。省财政厅应当引导和规范第三方机构参与预算绩效管理。第三方机构应当明确主评人，其他参与评价人员可以自行确定，重点项目可以外聘相关行业、领域专家学者共同完成委托事项。

第十八条 省直部门和省财政厅开展绩效评价，应当出具绩效评价结果。由省直部门或省财政厅自行实施的，省直部门或省财政厅直接形成绩效评价结果。根据需要由省直部门或省财政厅委托第三方机构实施的，在第三方机构出具的评价报告基础上形成绩效评价结果。

第十九条 项目绩效评价和部门整体绩效评价应当采取评分的形式，总分设置为100分。政策绩效评价可以不采取评分的形式，根据评价给出延续或终止的结论。

第五章 部门自评

第二十条 本条所称部门自评，是指省直部门依据批复的绩效目标开展的一系列评价活动。部门自评侧重于绩效目标完成情况的自我检查、实现部门的自我管理，是提取、修正绩效指标的过程，也是省直部门对本部门管理的二级项目、所属单位实施绩效管理的过程。

第二十一条 部门自评对省直部门主要负责同志负责，采取逆向激励，推动省直部门设置压力性绩效指 标。

第二十二条 部门自评的程序：

（一）制订工作方案。

自评工作方案须呈省直部门主要负责同志审核，根据省直部门主要负责同志要求启动部门自评工作。部门自评工作方案由省直部门或省直部门会同第三方机构共同研究制订，主要内容包括评价对象、组织方式、评价方法、调查问卷设计、具体样本确定、评价人员组成、实施时间安排等内容。

（二）组织实施自评。

通过案卷研究、调研访谈、问卷调查等方式收集、核实数据和信息，并对这些数据和信息进行整理分析。

（三）撰写部门自评结果。

在整理分析基础上，由省直部门直接形成部门自评结果，或以第三方机构出具的绩效评价报告为依据，形成部门自评结果。

（四）建立部门自评档案。

第二十三条 部门自评应当对预算执行情况和预算批复的绩效目标完成情况进行分析和评分。部门自评采取评分的形式，满分为100分，不设置加分项，可以不评级。其中：预算执行情况20分，产出指标40分、效益指标和满意度指标40分。省直部门根据各项指标重要程度确定二、三级绩效指标的权重。

第二十四条 部门自评的评分方法。

（一）定量指标。

完成指标值的，记该指标所赋全部分值；未完成的，按完成值在指标值中所占比例记分。

（二）定性指标。

根据指标完成情况分为：达成预期指标、部分达成预期指标并具有一定效果、未达成预期指标且效果较差三档，分别按照该指标对应分值区间80%（含）~100%、50%（含）~80%、0~50%合理确定分值。各项绩效指标得分汇总成该项目自评的总分。

第二十五条 部门自评结果呈现形式。

（一）表格形式。

以下情形由省直部门自行实施并出具自评表：工作运转类的项目自评；金额小于1 000万元（含）的项目自评；项目支出总额小于1 000万元（含）的部门整体绩效自评。

（二）文字形式。

除上款所列情形外，其他情形应当出具项目自评结果或部门整体绩效自评结果（文字形式）。

第二十六条 部门自评结果（文字形式）的内容主要包括部门自评结论、佐证资料等。

第二十七条 部门自评结果（文字形式）分为缩略版和摘要版两种版本，缩略版主要供单位管理人员、人大审查人员使用，摘要版主要供省直部门主要负责同志审签。

第二十八条 部门自评原则上应当于每年4月30日前完成，部门自评结果报送省财政厅备案。

第六章　财政评价

第二十九条　本条所称财政评价，是指省财政厅开展的项目评价、政策评价等一系列评价活动。财政评价包括重点评价和再评价，具体组织方式由省财政厅在内部工作规程中作出相应规定。

第三十条　项目评价主要是围绕项目决策、项目和资金管理、产出和效果等方面开展的评价活动，侧重于对财政资金使用效益的全面反映。

第三十一条　政策评价主要是围绕政策制定的必要性和合理性、政策执行的效率性和合规性、政策目标的实现程度等方面开展的评价活动，侧重于对政策实施效果的全面反映。

第三十二条　省财政厅应当根据绩效评价对象的特点，确定评价类型。下列评价对象，原则上应当选择政策评价：

（一）政策目标已实现，可以退出的项目。

（二）政策与当前改革发展形势不一致，需进一步研究是否退出的项目。

（三）政策执行效果存疑，需进一步验证是否继续实施的项目。

（四）政策执行效果较差，需对支出方向作重大调整的项目。

第三十三条　财政评价对省委、省政府主要负责同志负责，采取正向激励。省财政厅具体负责财政评价工作，根据要求适时汇总财政评价结果，向省委、省政府主要负责同志报告。

第三十四条 财政评价根据需要另行设定绩效评价指标的，绩效评价指标的设定应当遵循以下基本原则：

（一）相关性。

应当与绩效目标有直接的联系，能够恰当反映目标的实现程度。

（二）重要性。

应当优先使用最具代表性、最能反映评价要求的核心指标。

（三）可比性。

对同类评价对象应当设定共性的绩效评价指标，以便于评价结果可以相互比较。

（四）系统性。

应当将定量指标与定性指标相结合，系统反映财政支出所产生的社会效益、经济效益、生态效益、可持续影响、满意度指标等。

（五）经济性。

应当通俗易懂、简便易行，数据的获得应当考虑现实条件和可操作性，符合节约成本的要求。

（六）明确性。

评价指标信息应当可采集，可衡量。

第三十五条 绩效评价指标分为共性指标和个性指标。

（一）共性指标是适用于所有评价对象的指标，主要包括预算编制和执行情况、产出和效果情况等。共性指标由省财政厅统一制定，可以根据情况变化动态完善。

（二）个性指标是针对评价对象特点设定的指标，由省财政厅会同省直部门在参考相关行业和领域绩效指标体系内容的基础上，结合实际情况设定。

第三十六条 财政评价为项目评价的，应当合理设置绩效评价指标权重，体现结果导向，原则上产出和效果类指标权重占比不低于60%。

第三十七条 财政评价是政策评价的，应当组建专家组，出具专家意见书。

第三十八条 财政评价的程序：

（一）确定评价对象。

根据省财政厅内部工作规程，确定开展绩效评价的对象。

（二）确定评价类型。

根据评价对象的特点，确定开展政策评价或项目评价。

（三）确定组织方式。

根据评价对象的特点，确定财政评价由省财政厅自行实施或委托第三方机构实施。开展政策评价的，还应当组建专家组。

（四）制订工作方案。

由省财政厅或省财政厅会同第三方机构共同研究制订，主要内容包括评价目的、评价对象、组织方式、绩效评价指标体系、评价方法、调查问卷设计、具体样本确定、评价人员组成、实施时间安排等内容。

（五）下达绩效评价通知。

（六）组织实施评价。

通过案卷研究、调研访谈、问卷调查等方式收集、核实数据和信息，并对这些数据和信息进行整理分析。

（七）撰写评价结果。

在整理分析基础上，由省财政厅直接形成财政评价结果，或以第三方机构出具的绩效评价报告为依据，形成财政评价结果。

（八）建立评价档案。

第三十九条 对项目和部门整体开展的财政评价，绩效评价采取评分与评级相结合的形式。绩效评价总分设置为100分，绩效评价等级一般划分为四档：90（含）~100分为优；80（含）~90分为良；60（含）~80分为中；60分以下为差。

第四十条 财政评价结果应当采取文字形式。财政评价结果的内容主要包括评价结论、佐证资料等。

第四十一条 财政评价结果分为缩略版和摘要版两种版本，缩略版主要供单位管理人员、人大审查人员使用，摘要版主要供省财政厅主要负责同志审签。

第四十二条 财政评价原则上应当于每年5月31日前完成，财政评价结果反馈省直部门应用。

第七章 监督检查和责任追究

第四十三条 省直部门和省财政厅应当认真履行省级预算

绩效评价管理有关职责，切实提高财政资源配置效率和使用效益，依法接受监督。省直部门应当对自评结果的真实性和准确性负责。审计部门加强对自评结果真实性、准确性的复核。

第四十四条 受托的第三方机构应当对其出具的评价报告负责，保证报告的公信力和客观性。

第四十五条 省直部门和省财政厅不得将绩效评价工作交由第三方机构整体外包、体外循环，也不得影响第三方机构独立开展绩效评价工作。

第四十六条 对在绩效评价中出现的违法行为，应当根据《中华人民共和国预算法》、《中华人民共和国公务员法》、《中华人民共和国监察法》、《中华人民共和国公职人员政务处分法》《中华人民共和国会计法》、《中华人民共和国注册会计师法》、《中华人民共和国资产评估法》和《财政违法行为处罚处分条例》等有关法律规定追究责任。

第八章 附则

第四十七条 省直部门可以根据本办法，结合实际制定本部门实施细则。各市（州）、直管市、林区、县（市、区）财政部门可以参照本办法制定本地区的预算绩效评价管理暂行办法。

第四十八条 本办法自印发之日施行。2012年8月23日湖北省财政厅印发的《湖北省省级财政项目资金绩效评价实施暂行办法》（鄂财绩发〔2012〕5号）同时废止。

附录二：科研性财政投入产出绩效评价的调查问卷及调查表

《湖北省财政性科研项目产出绩效评价》调查问卷

（已立项单位）

您好！

为了更好地做好湖北省财政性科研资金绩效评价的研究工作，特设计了此项调查问卷，主要目的在于了解湖北省财政性科研资金绩效评价的情况，获取的数据资料仅用于学术性课题研究，而非商业性目的。感谢您抽出宝贵时间参与问卷调查。您的答案将是匿名和被信赖的，请根据实际情况填写（本调查结果仅作为统计数据用于学术研究，不涉及个人隐私，我们将严格予以保密)。

非常感谢您的支持与配合!

《湖北省财政性科研项目产出绩效评价》课题组

2021年10月

一、个人基本信息

1. 您的性别是（　　）。

A. 男

B. 女

2. 您的年龄是（　　）。

A.18~28岁

B.29~40岁

C.41~48岁

D.49~55岁

E.56~65岁

F.65岁以上

3. 您的教育程度是（　　）。

A. 初中及以下

B. 高中/专科

C. 本科

D. 研究生

E. 博士生

F.博士后

4.您在单位的职位层级是（　　）。

A.高层管理者

B.中层管理者

C.基层管理者

D.科研人员

E.其他

二、单位基本信息

1.贵单位性质（　　）。

A.企业

B.高等院校

C.科研院所

D.政府机关

E.其他

2.贵单位规模为（　　）。

A.3 000人以上

B.1 001~3 000人

C.501~1 000人

D.101~500人

E.100人及以下

3.贵单位所属的行业是（　　）。

A.软件和服务外包

B.物联网和新一代信息技术

C.高端装备制造

D.生物技术和新医药

E.新材料

F.节能环保

G.新能源

H.其他

三、项目基本情况

1.贵单位获得的财政性科研资金类别是（　　）。

A.应用基础研究计划

B.科技支撑计划（工业）

C.科技支撑计划（农业）

D.科技支撑计划（社会发展）

E.科技成果转化及产业化计划

F.科技基础设施建设计划

G.科技服务体系建设计划

H.国际科技合作计划

I.知识产权计划

J.软科学研究计划

2.项目的技术先进程度是（　　）。

A.国际领先

B.国际先进

C. 国内领先

D. 国内先进

E. 省内领先

F. 省内先进

G. 一般水平

3.项目的技术成熟度是（　　）。

A. 研发阶段

B. 小试阶段

C. 中试阶段

D. 小批量生产

E. 规模化生产

4.项目实施获得了哪些成果？（　　）（可多选）

A. 专利

B. 论文

C. 技术标准

D. 软件著作权

E. 其他

5.项目新增就业岗位有（　　）。

A. 无

B.1~100 人

C.101~300 人

D.301~500 人

E.501~1 000 人

F.1 000 人以上

6.项目的社会效益主要体现在（可多选）（　　）。

A.推动区域产业技术进步

B.促进产业结构优化

C.提高资源的利用效率

D.减少环境污染

E.其他

7.项目过去一年新增销售收入为（　　）。

A.100万元以下

B.100万~500万元

C.500万~1 000万元

D.1 000万~3 000万元

E.3 000万~5 000万元

F.5 000万元以上

8.您认为财政性科研资金对项目成功的作用是（　　）。

A. 非常大

B. 较大

C. 一般

D. 不太大

E. 没有作用

四、财政性科研资金绩效评价问题

1.您的职业与财政性科研资金有关吗？（　　）

A.是

B.否

2.您了解财政性科研资金绩效评价工作吗？（　　）

A.很清楚

B.比较清楚

C.听说过

D.不知道

3.您是否对财政性科研资金的相关事项进行过宣传？（　　）

A. 是

B. 否

C. 不清楚

4.您是否知晓有关财政性科研资金项目的规划？（　　）.

A.知道一些

B.工作与专项资金的使用有关，很了解

C.听说过，不是很了解

D.不知道

5.您是否知晓有关财政性科研资金管理的相关文件？（　　）

A.听说过，不是很了解

B.工作与专项资金的使用有关，很了解

C.知道一些

D.不知道

6.您是否知晓财政性科研资金的使用是否进行公示？（　　）

A.是

B.否

7.是否出现过不按管理制度使用财政性科研资金的情况？（　　）

A.出现过多次

B 较少出现

C 从未出现

8.您认为财政性科研资金管理办法的实施效果如何？（　　）

A.效果完美

B.效果良好，但仍有提升空间

C.效果较差

9.您认为财政性科研资金的社会影响如何？（　　）

A.普通群众很多人知道，社会影响大

B.有关人员知悉，社会影响不够大

C.普通群众很少有人知道，社会影响小

10.您认为财政性科研资金的项目是否按照预算管理程序及时发放？（　　）

A.资金下达能够完全按照程序下达

B.资金下达能够基本按照程序下达

C.资金下达不能够按照程序下达

11. 您认为财政性科研资金能否及时到位对项目运行有无影响？（　　）

A. 有影响，影响较大

B. 有影响，影响较小

C. 无影响

D. 不清楚

12. 您认为财政性科研资金使用情况是否与预算保持一致？（　　）

A. 一致

B. 较为一致，存在后期调整

C. 不一致

D. 不清楚

13. 您认为财政性科研资金有关的项目能否按期完成？（　　）

A. 提前或按期完成

B. 勉强能够按期完成

C. 不能按期完成

D. 项目开展严重滞后

14. 您认为财政性科研资金绩效评价项目是否设置了明确的绩效目标？（　　）

A. 设置了

B. 未设置

C. 不清楚

15. 您认为财政性科研资金项目是否有相应的管理指导小组负责进行绩效评价？（　　）

A. 有

B. 没有

C. 不清楚

16. 您认为财政性科研资金是否有项目完成情况的中期检查？（　　）

A. 有

B. 没有

C. 不清楚

17. 您认为财政性科研资金对项目的最终完成情况是否有相应的验收考核制度？（　　）

A. 有

B. 没有

C. 不清楚

18. 您认为财政性科研资金项目是否都通过了相关考核？（　　）

A. 有

B. 没有

C. 不清楚

19. 您认为财政性科研资金项目是否有经济效益或社会

效益？（　　）

A. 有

B. 没有

C. 不清楚

20. 您认为财政性科研资金的绩效评价是否受到了重视？（　　）

A. 非常重视

B. 重视

C. 不受到重视

21. 您认为财政性科研资金是否完全达到了为群众提供优质的公共服务并促进社会科学发展的目的？（　　）

A. 已达到

B. 未达到，尚有改进空间

C. 距离该目标较远

22. 您认为当前财政性科研资金绩效评价情况可以得多少分？（　　）

A. 0~59 分

B. 60~69 分

C. 70~79 分

D. 80~89 分

E. 90~100 分

23. 您认为下面哪些因素对财政性科研资金绩效的影响较

大？（　　）

A.财政性科研资金使用分配的合理性

B.财政性科研资金管理办法

C.财政性科研资金到位的及时性

D.其他

五、满意度问题

1.您对项目申报服务管理的评价是（　　）。

A.非常满意

B.满意

C.一般

D.不满意

E.非常不满意

2.您对项目中期跟踪管理的评价是（　　）。

A.非常满意

B.满意

C.一般

D.不满意

E.非常不满意

3.您对项目完成验收管理的评价是（　　）。

A. 非常满意

B. 满意

C. 一般

D. 不满意

E. 非常不满意

4. 您对项目实行财务单独核算管理的评价是（　　）。

A. 非常满意

B. 满意

C. 一般

D. 不满意

E. 非常不满意

5. 您对财政资金到位情况的评价是（　　）。

A. 非常满意

B. 满意

C. 一般

D. 不满意

E. 非常不满意

6. 您对项目实施后对本企业整体发展贡献的评价是（　　）。

A. 非常满意

B. 满意

C. 一般

D. 不满意

E. 非常不满意

7. 您对项目实施后对本企业项目管理能力的提升的评价是（　　）。

A. 非常满意

B. 满意

C. 一般

D. 不满意

E. 非常不满意

8. 您对项目实施后对本企业研发能力的提升的评价是（　　）。

A. 非常满意

B. 满意

C. 一般

D. 不满意

E. 非常不满意

9. 您对项目实施后对本单位人才培养的评价是（　　）。

A. 非常满意

B. 满意

C. 一般

D. 不满意

E. 非常不满意

10. 您对项目实施后对行业技术水平提升的评价是（　　）。

A. 非常满意

B. 满意

C. 一般

D. 不满意

E. 非常不满意

11. 您对项目实施后对本单位销售收入贡献的评价是（　　）。

A. 非常满意

B. 满意

C. 一般

D. 不满意

E. 非常不满意

12. 您对当前财政性科研资金绩效的评价方式是（　　）。

A. 非常满意

B. 满意

C. 一般

D. 不满意

E. 非常不满意

六、其他

1. 项目进展如何？目前面临哪些问题和困难？

2. 您对财政性科研资金项目协调管理有什么意见和建议？

3. 您对财政性科研资金绩效评价有什么意见和建议？

本问卷到此结束，谢谢合作！

湖北省财政性科研资金绩效评价调查问卷

（未立项单位）

您好！

为了更好地做好湖北省财政性科研资金绩效评价的研究工作，特设计了此项调查问卷，主要目的在于了解湖北省财政性科研资金绩效评价的情况，获取的数据资料仅用于学术性课题研究，而非商业性目的。感谢您抽出宝贵时间参与问卷调查。您的答案将是匿名和被信赖的，请根据实际情况填写（本调查结果仅作为统计数据用于学术研究，不涉及个人隐私，我们将严格予以保密）。

非常感谢您的支持与配合！

《湖北省财政性科研项目产出绩效评价》课题组

2021年10月

一、个人基本信息

1.您的性别是（　　）。

A.男

B.女

2.您的年龄是（　　）。

A.18~28岁

B.29~40岁

C.41~48 岁

D.49~55 岁

E.56~65 岁

F.65 岁以上

3. 您的教育程度是（　　）。

A. 初中及以下

B. 高中/专科

C. 本科

D. 研究生

E. 博士生

F. 博士后

4. 您在单位的职位层级是（　　）。

A. 高层管理者

B. 中层管理者

C. 基层管理者

D. 科研人员

E. 其他

二、单位基本信息

1. 贵单位性质是（　　）。

A. 企业

B. 高等院校

C. 科研院所

D. 政府机关

E. 其他

2. 贵单位规模是（　　）。

A.3 000 人以上

B.1 001~3 000 人

C.501~1 000 人

D.101~500 人

E.100 人及以下

3. 贵单位所属的行业是（　　）。

A. 软件和服务外包

B. 物联网和新一代信息技术

C. 高端装备制造

D. 生物技术和新医药

E. 新材料

F. 节能环保

G. 新能源

H. 其他

三、曾经申报项目基本情况

1. 请选择贵单位曾经申报的财政性科研资金类别（　　）。

A. 应用基础研究计划

B. 科技支撑计划（工业）

C. 科技支撑计划（农业）

D.科技支撑计划（社会发展）

E.科技成果转化及产业化计划

F.科技基础设施建设计划

G.科技服务体系建设计划

H.国际科技合作计划

I.知识产权计划

J.软科学研究计划

2.目前项目实施情况（　　）（第4题选择D、E的请填写第6题，选择A、B、C的请依次填写7~12题）。

A. 已经完成

B. 进度超前

C. 按计划进行

D. 进度滞后

E. 项目停顿

3.项目实施不正常的原因是（　　）。

A.资金不足

B.项目主要研发人员变动或流失

C.项目管理不善

D.市场需求变化

E.单位内部项目立项评估不严谨

F.宏观经济形势影响

G.其他

4.项目目前筹集资金来源是（　　）。

A.自有资金

B.贷款

C.政府拨款

D.其他

5.项目的技术先进程度是（　　）。

A.国际领先

B.国际先进

C.国内领先

D.国内先进

E.省内领先

F.省内先进

G.一般水平

6.项目的技术成熟度是（　　）。

A.研发阶段

B.小试阶段

C.中试阶段

D.小批量生产

E.规模化生产

7.项目的社会效益主要体现在（可多选）（　　）。

A.推动区域产业技术进步

B.促进产业结构优化

C.提高资源的利用效率

D.减少环境污染

E.其他

8.项目过去一年新增销售收入是（　　）。

A.100万元以下

B.100万~500万元

C.500万~1 000万元

D.1 000万~3 000万元

E.3 000万~5 000万元

F.5 000万元以上

9.项目目前资金筹集到位程度是（　　）。

A.按计划到位

B不能按计划到位

10.如未能获得财政性科研资金支持，您单位是否还会将此项目推进下去？（　　）

A. 会

B. 不会

C. 不一定

11.您认为财政性科研资金对项目成功的作用（　　）。

A. 非常大

B. 较大

C. 一般

D. 不太大

E. 无所谓

四、财政性科研资金绩效评价问题

1.您的职业与财政性科研资金有关吗？（　　）

A.是

B.否

2.您了解财政性科研资金绩效评价工作吗？（　　）

A.很清楚

B.比较清楚

C.听说过

D.不知道

3.您是否对财政性科研资金的相关事项进行过宣传？（　　）

A. 是

B. 否

C. 不清楚

4.您是否知晓有关财政性科研资金项目的规划？（　　）

A.知道一些

B.工作与专项资金的使用有关，很了解

C.听说过，不是很了解

D.不知道

5.您是否知晓有关财政性科研资金管理的相关文件？（　　）

A.听说过，不是很了解

B.工作与专项资金的使用有关，很了解

C.知道一些

D.不知道

6.您是否知晓财政性科研资金的使用是否进行公示？（　　）

A.是

B.否

7.是否出现过不按管理制度使用财政性科研资金的情况？（　　）

A.出现过多次

B.较少出现

C.从未出现

8.您认为财政性科研资金管理办法的实施效果如何？（　　）

A.效果完美

B.效果良好，但仍有提升空间

C.效果较差

9.您认为财政性科研资金的社会影响如何？（　　）

A.普通群众很多人知道，社会影响大

B.有关人员知悉，社会影响不够大

C.普通群众很少有人知道，社会影响小

10.您认为财政性科研资金的项目是否按照预算管理程序及时发放到位？（　　）

A.资金下达能够完全按照程序下达

B.资金下达能够基本按照程序下达

C.资金下达不能够按照程序下达

11.您认为财政性科研资金能否及时到位对项目运行有无影响？（　　）

A.有影响，影响较大

B.有影响，影响较小

C.无影响

D.不清楚

12.您认为财政性科研资金使用情况是否与预算保持一致？（　　）

A.一致

B.较为一致，存在后期调整

C.不一致

D.不清楚

13.您认为财政性科研资金有关的项目能否按期完成？（　　）

A.提前或按期完成

B.勉强能够按期完成

C.不能按期完成

D.项目开展严重滞后

14.您认为财政性科研资金绩效评价项目是否设置了明确的绩效目标？（　　）

A. 设置了

B. 未设置

C. 不清楚

15. 您认为财政性科研资金项目是否有相应的管理指导小组负责进行绩效评价？（　　）

A. 有

B. 没有

C. 不清楚

16. 您认为财政性科研资金是否有项目完成情况的中期检查？（　　）

A. 有

B. 没有

C. 不清楚

17. 您认为财政性科研资金对项目的最终完成情况是否有相应的验收考核制度？（　　）

A. 有

B. 没有

C. 不清楚

18. 您认为财政性科研资金项目是否都通过了相关考核？（　　）

A. 有

B. 没有

C. 不清楚

19. 您认为财政性科研资金项目是否有经济效益或社会效益？（　　）

A. 有

B. 没有

C. 不清楚

20. 您认为财政性科研资金的绩效评价是否受到了重视？（　　）

A. 非常重视

B. 重视

C. 不受到重视

21. 您认为财政性科研资金是否完全达到了为群众提供优质的公共服务并促进社会科学发展的目的？（　　）

A. 已达到

B. 未达到，尚有改进空间

C. 距离该目标较远

22. 您认为当前财政性科研资金绩效评价情况可以得多少分？（　　）

A. 0~59 分

B. 60~69 分

C. 70~79 分

D. 80~89 分

E.90~100 分

23. 您认为下面哪些因素对财政性科研资金绩效的影响较大？（　　）

A.财政性科研资金使用分配合理

B.财政性科研资金管理办法

C.财政性科研资金到位的及时性

D.其他

五、满意度问题

1. 您对项目申报服务管理的评价是（　　）。

A. 非常满意　　B. 满意　　C. 一般

D. 不满意　　E. 非常不满意

2. 您对项目实施后对本单位整体发展贡献的评价是（　　）。

A. 非常满意

B. 满意

C. 一般

D. 不满意

E. 非常不满意

3. 您对项目实施后对本单位项目管理能力的提升的评价是（　　）。

A. 非常满意

B. 满意

C. 一般

D. 不满意

E. 非常不满意

4. 您对项目实施后对本单位研发能力的提升的评价是（　　）。

A. 非常满意

B. 满意

C. 一般

D. 不满意

E. 非常不满意

5. 您对项目实施后对本单位人才培养的评价是（　　）。

A. 非常满意

B. 满意

C. 一般

D. 不满意

E. 非常不满意

6. 您对项目实施后对行业技术水平提升的评价是（　　）。

A. 非常满意

B. 满意

C. 一般

D. 不满意

E. 非常不满意

7. 您对项目实施后对本单位销售收入贡献的评价是（　　）。

A. 非常满意

B. 满意

C. 一般

D. 不满意

E. 非常不满意

8. 您对当前财政性科研资金绩效的评价方式是（　　）。

A. 非常满意

B. 满意

C. 一般

D. 不满意

E. 非常不满意

六、其他

1. 项目进展如何？目前面临哪些问题和困难？

2. 您对财政性科研资金项目申报、立项过程有什么意见和建议？

3. 您对财政性科研资金绩效评价有什么意见和建议？

本问卷到此结束，谢谢合作！

湖北省财政性科研资金绩效自评信息表

1-1：基本情况

项目名称		项目编码			
项目预算支出功能科目名称		项目预算支出功能名称编码			
项目资金安排文号		项目资金安排年度		项目评价年度	年
项目评价类型		实施过程完成结果评价	年　月　日至　年　月　日		
省级项目主管单位		省级项目实施单位（处室、二级预算单位）			
省级项目主管单位负责人		联系电话			
项目类型	1.基本建设类 其中：新建 扩建 改建 2.行政事业类 其中：采购 修缮 奖励/补贴 3.其他项目类	项目开始时间	计划： 年　月 实际： 年　月	项目完成、时间	计划： 年　月 实际： 年　月
项目（用款）单位个数	合计：　个；其中：省级：　个，地市：　个，县（区）：　个				

论证决策	资金设立依据（文件）		
	立项方式	1.发展改革部门批准立项的项目：　个 2.部门审核立项的项目：　个 3.专家评审立项的项目：　个 4.公开招标立项的项目：　个 5.其他方式立项的项目（注明具体方式）：　个	

1-2：前期工作情况

目标设置	公共产品数量		佐证材料编号
	预期效果		
	绩效指标		
保障机制（机构）	省级组织实施机构		
	市、县组织实施机构（选填）		
	市县具体实施机构（选填）		
保障机制（制度）	省级有关制度		
	市县有关制度		

续表

<table>
<tr><td colspan="11">1-3：实施过程情况（单元：万元）</td><td colspan="2">佐证材料编号</td></tr>
<tr><td rowspan="13">资金管理</td><td rowspan="11">资金到位支付情况</td><td rowspan="3">资金来源</td><td colspan="2">以前资金情况</td><td colspan="6">本次评价资金情况</td><td colspan="2"></td></tr>
<tr><td rowspan="2">至本次评价前累计支出金额</td><td rowspan="2">结余金额</td><td rowspan="2">预算（计划）安排</td><td colspan="3">实际到位（到达项目单位）</td><td colspan="2">实际支出（项目单位支出）</td><td rowspan="2">结余金额</td><td rowspan="2">备注</td></tr>
<tr><td>到位金额</td><td>到位率（%）</td><td>到位时间</td><td>支出金额</td><td>支出率（%）</td></tr>
<tr><td>合计</td><td></td><td></td><td></td><td></td><td></td><td></td><td></td><td></td><td></td><td></td></tr>
<tr><td>中央财政资金</td><td></td><td></td><td></td><td></td><td></td><td></td><td></td><td></td><td></td><td></td></tr>
<tr><td>省财政资金</td><td></td><td></td><td></td><td></td><td></td><td></td><td></td><td></td><td></td><td></td></tr>
<tr><td>县区财政资金</td><td></td><td></td><td></td><td></td><td></td><td></td><td></td><td></td><td></td><td></td></tr>
<tr><td>其他资金小计</td><td></td><td></td><td></td><td></td><td></td><td></td><td></td><td></td><td></td><td></td></tr>
<tr><td>①银行贷款</td><td></td><td></td><td></td><td></td><td></td><td></td><td></td><td></td><td></td><td></td></tr>
<tr><td>②单位自筹</td><td></td><td></td><td></td><td></td><td></td><td></td><td></td><td></td><td></td><td></td></tr>
<tr><td>③其他</td><td></td><td></td><td></td><td></td><td></td><td></td><td></td><td></td><td></td><td></td></tr>
<tr><td rowspan="2">财务合规性</td><td>资金是否全部用于本项目：是　否</td><td colspan="4">资金是否专账核算：
是　　否</td><td colspan="4">资金核算是否规范：
是　　否</td><td></td><td></td></tr>
<tr><td>资金实际支出明细内容（至主要末级经济科目）</td><td colspan="2">同类项目资金实际支出</td><td>项目预算支出</td><td>项目资金实际支出</td><td colspan="6">资金支出依据（相关的资金管理办法、批复文件、流水账号等）</td></tr>
</table>

续表

		合计								
		1								
		2								
		3								
		4								
		5								
		⋮								
项目管理	实施程序	组织实施情况统计	内容	是否要求	实际执行的项目数	未执行原因	内容	是否要求	实际执行项目数	未执行原因
			政府采购	是 否	( ) 个		招投标	是 否	( ) 个	
			国库集中支付	是 否	( ) 个		资金报账制	是 否	( ) 个	
			法人负责制	是 否	( ) 个		设监理制	是 否	( ) 个	
			合同管理制	是 否	( ) 个		其他	是 否	( ) 个	

续表

<table>
<tr><td rowspan="8">项目管理</td><td></td><td></td><td>有调整的项目（用款）单位数量（ ）个</td><td colspan="2">—</td><td>其中按要求应办理报批手续的项目（用款）单位数量（）个</td><td>—</td><td colspan="2">实际办理的项目数（ ）个</td><td>—</td></tr>
<tr><td rowspan="5">实施程序</td><td rowspan="3">调整情况</td><td>调整内容</td><td colspan="7"></td></tr>
<tr><td>调整原因及批复文件</td><td colspan="7"></td></tr>
<tr><td>未办理批复的项目及原因</td><td colspan="7"></td></tr>
<tr><td>项目管理机构</td><td>验收时间</td><td></td><td>验收单位</td><td></td><td>办理验收手续项目数</td><td>（ ）个</td><td>验收程序</td><td></td></tr>
<tr><td>项目已完成未办理验收的说明</td><td></td><td></td><td></td><td></td><td></td><td></td><td></td><td></td></tr>
<tr><td rowspan="2">监管情况</td><td>项目管理机构</td><td colspan="5"></td><td>管理组成员</td><td colspan="2"></td></tr>
<tr><td>检查方式及频次</td><td colspan="5"></td><td>其他管理机构（如监理机构）</td><td colspan="2"></td></tr>
</table>

续表

<table>
<tr><td colspan="11">1-4：项目绩效情况</td><td>佐证材料编号</td></tr>
<tr><td rowspan="2">经济性</td><td rowspan="2">预算（成本）控制</td><td>具体情况</td><td colspan="8">项目预算（ ）万元，实际按进度支付（ ）万元，截至评价期，实际（结余/超支）（ ）万元，
项目未按预算支付造成结余采取措施形成的节约资金
其他原因造成的结余或超支</td><td></td></tr>
<tr><td>控制措施</td><td colspan="8">在项目过程中，采取的措施或制度等对项目支出进行有效的监管制约：</td><td></td></tr>
<tr><td rowspan="2">效率性</td><td rowspan="2">完工进度</td><td>按照计划应当完工的项目数量</td><td>（ ）个</td><td>实际按计划完工的项目数量</td><td>（ ）个</td><td>尚未完工项目数量</td><td>（ ）个</td><td>按计划应完工，实际未完工项目数量</td><td>（ ）个</td><td></td><td></td></tr>
<tr><td>未按计划进度完工的原因</td><td colspan="9"></td></tr>
<tr><td>效率性</td><td>完工质量</td><td>验收结论</td><td>优良（ ）个</td><td>合格（ ）个</td><td>不合格（ ）个</td><td>—</td><td>达到何种质量标准</td><td>—</td><td colspan="3">有无发生质量、安全事故：有 无</td></tr>
<tr><td rowspan="4">效果性</td><td rowspan="2">社会经济效益</td><td></td><td colspan="9">与预期产出的公共产品和效果比较</td></tr>
<tr><td>社会效益</td><td colspan="9"></td></tr>
<tr><td rowspan="2">可持续发展</td><td>经济效益</td><td colspan="9"></td></tr>
<tr><td>环境效益</td><td colspan="9"></td></tr>
<tr><td>公平性</td><td>公共属性</td><td colspan="10"></td></tr>
</table>

湖北省财政性科研资金绩效评价指标体系信息表

<table>
<tr><td colspan="6">2-1：基本情况</td><td>备注</td></tr>
<tr><td>项目名称</td><td></td><td>项目编码</td><td colspan="3"></td><td></td></tr>
<tr><td>项目预算支出功能科目名称</td><td></td><td>项目预算支出功能名称编码</td><td colspan="3"></td><td></td></tr>
<tr><td>项目资金安排文号</td><td></td><td>项目资金安排年度</td><td></td><td>项目评价年度</td><td>年</td><td></td></tr>
<tr><td>项目评价类型</td><td>实施过程评价
完成结果评价</td><td>评价项目实施时间段</td><td colspan="3">年 月 日至
年 月 日</td><td></td></tr>
<tr><td>省级项目主管单位</td><td></td><td>省级项目实施单位（处室、二级预算单位）</td><td colspan="3"></td><td></td></tr>
<tr><td>省级项目主管单位负责人</td><td></td><td>联系电话</td><td colspan="3"></td><td></td></tr>
<tr><td rowspan="2">项目类型</td><td rowspan="2">1.基本建设类
其中：新建 扩建 改建
2.行政事业类
其中：
采购 修缮 奖励/补贴
3.其他项目类</td><td rowspan="2">项目开始时间</td><td>计划：
年 月</td><td rowspan="2">项目完成时间</td><td>计划：
年 月</td><td></td></tr>
<tr><td>实际：
年 月</td><td>实际：
年 月</td><td></td></tr>
<tr><td>项目（用款）单位个数</td><td colspan="5">合计：　个；其中：省级：　个，地市：　个，县（区）：　个</td><td></td></tr>
</table>

续表

2-2：绩效评价指标体系			佐证材料编号
二级指标	三级指标	评价指标体系	
基本(通用)指标	资金到位率		
	资金使用率		
	支出效果率	A.优（ ）B.良（ ）C.中（ ） D.低（ ）E.差（ ）	
投入资金分析	财政投入乘数	A.优（ ）B.良（ ）C.中（ ） D.低（ ）E.差（ ）	
	人均利润率		
	科技人员人均科研费用		
	研究开发费用占销售收入比率		
财政资金产出效益	财政供养万人当中科技人员数		
	科技人员人均发表课题、成果数		
	科技人员人均科研成果获奖数		
	科技人员科研成果应用转化率		

续表

二级指标	三级指标	评价指标体系	
财政资金利用效率	投入产出率		
	高科技投入成功率		
	项目成功率		
发展潜力	科研支出和财政支出增长率的比率		
	连续三年科研经费投入平均增长率		
	科研人员队伍稳定率		
	应用研究在国际国内的先进性	A.优（　）B.良（　）C.中（　）D.低（　）E.差（　）	
其他评价指标	科技投入新增加产值		
	科技投入新增加销售额		
	科技投入新增加利税额		
	科技投入新增加社会就业人数		
	科技投入新增加出口创汇及出口贸易总额		
	成果转让项次		

续表

二级指标	三级指标	评价指标体系
修正指标	通货膨胀率影响因素	A.优（　）B.良（　）C.中（　）D.低（　）E.差（　）
	地区经济发展水平影响因素	A.优（　）B.良（　）C.中（　）D.低（　）E.差（　）
	所处行业特殊性因素	A.优（　）B.良（　）C.中（　）D.低（　）E.差（　）
	对环境影响因素	A.优（　）B.良（　）C.中（　）D.低（　）E.差（　）
	对社会发展影响因素	A.优（　）B.良（　）C.中（　）D.低（　）E.差（　）
	长期效益影响因素	A.优（　）B.良（　）C.中（　）D.低（　）E.差（　）
	其他修正指标	A.优（　）B.良（　）C.中（　）D.低（　）E.差（　）
定性指标	项目预定目标规划、执行情况	A.优（　）B.良（　）C.中（　）D.低（　）E.差（　）
	公务员（在岗职工）素质	A.优（　）B.良（　）C.中（　）D.低（　）E.差（　）
	项目管理水平	A.优（　）B.良（　）C.中（　）D.低（　）E.差（　）
	发展创新能力与战略	A.优（　）B.良（　）C.中（　）D.低（　）E.差（　）
	服务硬环境与服务满意度	A.优（　）B.良（　）C.中（　）D.低（　）E.差（　）
	综合社会贡献	A.优（　）B.良（　）C.中（　）D.低（　）E.差（　）

湖北省创业孵化机构绩效评价指标

一级指标	二级指标		三级指标		单位
一、基础服务能力	1.1	管理机构从业人员			名
	1.2	接受孵化器管理专业培训人数	1.2.1	国家科技管理部门组织的培训	名
			1.2.2	省级科技管理部门组织的培训	名
	1.3	接受培训人数占比			10.0%
	1.4	孵化器使用总面积			$1\ 000m^2$
	1.5	在孵企业可使用的场地面积			$1\ 000m^2$
	1.6	孵化场地面积占比			1.0%
	1.7	在孵企业	1.7.1	留学人员创业企业	家
			1.7.2	大学生科技创业企业	家
			1.7.3	高校科技人员创业企业	家
			1.7.4	其他科技创业企业	家
	1.8	单位孵化面积效率			家/$1\ 000m^2$
二、投融资服务能力	2.1	孵化器自有种子资金总额			10万元
	2.2	孵化器参股的天使投资基金出资总额			100万元
	2.3	获得以上两类资金/基金股权投资的在孵企业数			家
	2.4	以上两类资金/基金股权投资在孵企业的总金额			万元
	2.5	累计获得其他投融资机构投资的在孵企业数			家

续表

一级指标	二级指标		三级指标		单位
三、专业服务能力	3.1	专业技术平台	3.1.1	签约使用或付费使用的专业技术平台	有/无
			3.1.2	投资建设使用的专业技术平台	有/无
	3.2	孵化器对专业技术平台的投资总额			万元
	3.3	帮助企业申报省科技厅企业研发测试费补贴	3.3.1	申报企业数	家
			3.3.2	申报研发测试费用补贴总金额	万元
四、对接活动	4.1	导师团队			有/无
	4.2	开展创业教育培训活动场次	4.2.1	全国范围内的创业活动	场
			4.2.2	省级范围内的创业活动	场
			4.2.3	市州级范围内的创业活动	场
			4.2.4	孵化器内的创业活动	场
	4.3	对在孵企业培训人次			名
五、孵化效率	5.1	新注册的在孵企业			家
	5.2	新增在孵企业			家
	5.3	毕业企业			家
	5.4	毕业企业/在孵企业			5%
	5.5	在孵企业及毕业2年内企业中首次认定为高新技术企业数			家

续表

一级指标	二级指标		三级指标		单位
五、孵化效率	5.6	在孵企业及毕业5年内企业中已上市/挂牌企业	5.6.1	主板	家
			5.6.2	中小板	家
			5.6.3	创业板	家
			5.6.4	国外资本市场	家
			5.6.5	新三板	家
			5.6.6	并购	家
	5.7	在孵企业在创新创业大赛中参赛情况	5.7.1	国家级创新创业大赛获奖企业数（一等奖）	家
			5.7.2	国家级创新创业大赛获奖企业数（二等奖）	家
			5.7.3	国家级创新创业大赛获奖企业数（三等奖）	家
			5.7.4	国家级创新创业大赛获奖企业数（其他等次奖励）	家
			5.7.5	省级创新创业大赛获奖企业数（一等奖）	家
			5.7.6	省级创新创业大赛获奖企业数（二等奖）	家
			5.7.7	省级创新创业大赛获奖企业数（三等奖）	家
			5.7.8	省级创新创业大赛获奖企业数（其他等次奖励）	家

续表

一级指标	二级指标		三级指标		单位
五、孵化效率	5.8	在孵企业获得知识产权数	5.8.1	发明专利	项
			5.8.2	植物新品种	项
			5.8.3	国家级农作物品种	项
			5.8.4	国家新药（一类）	项
			5.8.5	国家新药（二类）	项
			5.8.6	国家新药（其他）	项
			5.8.7	国家一级中药保护品种	项
			5.8.8	国家二级中药保护品种	项
			5.8.9	集成电路布图	项
			5.8.10	实用新型专利	项
			5.8.11	外观设计	项
			5.8.12	软件著作权	项
			5.8.13	商标	项
			5.8.14	其他	项
	5.9	在孵企业获得省级以上科技计划项目数			项
六、加分项	6.1	新冠肺炎疫情期间，享受免除房租等费用的在孵企业数			家
	6.2	新冠肺炎疫情期间，免除在孵企业各类费用总额			万元
	6.3	孵化器免除在孵企业各类费用总额/年度孵化器总收入			%

湖北省技术创新专项重大项目实施情况及绩效调查表

一、基本信息

<table>
<tr><td>项目名称</td><td colspan="3"></td><td>立项编号</td><td></td></tr>
<tr><td>起止年限</td><td colspan="5">年 月 日—— 年 月 日</td></tr>
<tr><td>所属领域</td><td colspan="5">1.电子信息技术 2.新材料技术
3.先进制造技术 4.现代农业技术
5.生物技术与新医药 6.资源与环境技术
7.新能源及节能技术 8.其他</td></tr>
<tr><td>承担单位名称</td><td colspan="3"></td><td>所在地区</td><td>市（州）</td></tr>
<tr><td>承担单位类别</td><td colspan="5">1.企业 2.高校 3.科研院所 4.其他</td></tr>
<tr><td>项目负责人</td><td></td><td>联系电话</td><td></td><td>E-mail</td><td></td></tr>
<tr><td>项目联系人</td><td></td><td>联系电话</td><td></td><td>E-mail</td><td></td></tr>
</table>

二、项目进展情况（不够可附页）

<table>
<tr><td>项目进展情况</td><td>1.按计划完成并通过验收； 2.目前已完成；
3.目前按计划正在进行； 4.延期并已报主管处室批准；
5.延期但尚未得到主管处室批准；
6.难以完成； 7.其他情况（请说明）。</td></tr>
<tr><td>预计项目完成时间</td><td>年 月</td></tr>
<tr><td>项目延期或难以完成的主要原因</td><td></td></tr>
<tr><td>拟采取措施及需要省科技厅协调解决的问题</td><td></td></tr>
</table>

三、项目资金投入与支出情况（单位：万元）

	项目总预算	目前实际到位	目前实际支出
省财政专项资金			
地方配套资金			
单位自筹资金			
银行贷款			
其他资金			
合　计			
如存在资金未（足额）到位情况，请说明原因			

项目支出明细（单位：万元）

科目明细	项目总预算		目前实际支出明细	
	合计	其中省财政资金	合计	其中省财政资金
人员费				
设备费				
材料费				
燃料及动力费				
试验外协费				
基本建设费				
会议、差旅及国际合作交流费				
绩效支出				
管理费				
其他费用				
合　计				
如存在资金支出偏离预算较大情况，请说明原因				

四、已取得成效（各项目可根据情况选择性填写，不够可附页）

绩效指标		绩效目标	目前完成情况
项目建设	新、改建科技创新平台（个）		
	投入建设平台设施经费（万元）		
	其中：新增科研仪器设备（台套/万元）	/	/
	新、改建中试生产线（条）		
	新、改建农业科技示范基地（个/亩）	/	/
项目产出	开发新产品（个、台套）		
	开发新技术（工艺）（项）		
	示范转化新技术（项）		
	申请专利（项）		
	其中：申请发明专利（项）		
	授权专利（项）		
	其中：授权发明专利（项）		
	取得软件著作权（项）		
	取得新药证书（个）		
	取得农业新品种权（个）		
	制定标准（项）		
	发表学术论文（篇）		

续表

绩效指标		绩效目标	目前完成情况
项目经济社会效益	新增销售收入（万元）		
	新增利税（万元）		
	新增出口创汇（万美元）		
	实现技术服务收入（万元）		
	培养专业技术人才（人）		
	提供技术咨询、技术服务等（人次）		
	新增就业人数（人）		
	培训农民（人）		
	带动脱贫人数（人）		
项目主要技术指标实现情况（简述）			

续表

绩效指标		绩效目标	目前完成情况
项目主要技术指标或某些绩效目标未达到的主要原因（简述）			
项目重大突破及可持续影响（简述）	（简述项目重大突破、技术水平及其对企业创新发展、全省优势特色产业和重点产业创新链发展、生态环境等方面产生的影响）		

湖北省技术转移机构绩效调查表

<table>
<tr><td colspan="4">一、申报机构基本情况</td></tr>
<tr><td>申报单位名称</td><td></td><td>成立日期</td><td>年 月 日</td></tr>
<tr><td>法人类型</td><td>□企业法人 □事业法人
□社团法人
□法人内设机构（请同时选择法人类型）</td><td>*社会信用代码</td><td></td></tr>
<tr><td>法人内设机构情况</td><td colspan="3">□无单独部门
□已设立单独部门
□预计未来一年内改制为独立法人
□正在改制为独立法人
□已改制为独立法人</td></tr>
<tr><td>单位类型</td><td colspan="3">□科研机构（□转制科研机构）
□高等院校（□211大学）
□科技中介机构，可多选：
□成果转化中心 □生产力促进中心
□创业服务中心 □大学科技园
□科技咨询中心 □科技信息所/中心 □行业协会/学会
□其他，请注明</td></tr>
<tr><td>是否国家高新区内机构</td><td colspan="3">□否 □是，所在高新区名称：</td></tr>
<tr><td>是否科技服务体系试点区域机构</td><td colspan="3">□否 □是，所在试点高新区或城市名称：</td></tr>
<tr><td>服务领域</td><td colspan="3">□节能环保产业 □新一代信息技术产业
□生物产业 □高端装备制造产业
□新能源产业 □新材料产业
□新能源汽车产业 □其他，请注明</td></tr>
</table>

续表

*注册资金	（万元）			注册地区	省　　市	
法定代表人/单位负责人	姓　名		职　务		身份证号	
联系人	姓　名		职　务		电子邮件	
	电　话		手　机		传　　真	
通信地址					邮　　编	
主营业务（不超过3个选项）	□技术集成与应用　　□技术中试与孵化 □技术信息加工与整理　□技术经营 □技术（产权）交易　　□其他，请注明					
是否开展国际技术转移合作	□否　□是（□国际技术转移业务占全部业务的50%以上）					
经营条件	□办公面积　平米　　□技术转移服务数据库系统 □独立网站　　　网址：					
人员情况	总人数	人	专职从事技术转移人员数量	人	科技人员占总人数比例	%
	硕士（及以上）	人	大学本科	人	大专（及以下）	人
	高级职称	人	中级职称	人	技术经纪人	人

续表

上年度技术转移情况	年度供求信息采集数量	此项不用填，数据来源于科惠网	促成技术转移项目成交数量	项
	促成重大科技成果转化项目成交数量	项	促成技术转移项目成交金额	万元
	组织科技成果推介会、拍卖会、对接会等活动的场次	次	组织参加技术经纪人、技术合同认定登记培训等的人次	
	服务企业数量	家	解决企业需求	项
上年度财务收入情况	收入总计	万元		
	其中，技术性收入	万元	技术性收入占总收入的比例	%
	其中，计划项目拨款	万元	国家计划项目拨款	万元
			地方计划项目拨款	万元
	其中，事业费拨款	万元	其中，其他收入	万元
	*利税总额	万元	*利税总额占总收入的比例	%
上年度财务支出情况	支出总计			
	其中，人员经费支出	万元	其中，日常公用支出	万元
	其中，设备及维修支出	万元	其中，其他支出	万元

续表

二、2020年度技术转移及服务工作的总体情况
三、2020年度技术转移及服务的模式与经营特色

续表

四、管理团队
五、2020年度技术转移及服务的业绩（经济社会效益、社会信誉及典型案例）
六、机构下一年度工作计划及建议

湖北省科技成果转化中试研究基地绩效调查表

一、中试基地基本情况

中试基地名称			
所属产业类别		建设时间	
中试基地管理人员数（人）		本科以上管理人员比例（%）	
中试基地技术团队人员数（人）		其中本科以上学历或中级以上技术职称的科技人员占比（%）	
中试基地场地性质	□租用　□自有	中试基地场地面积（平方米）	
中试设备台套数		中试设备净值（万元）	
用于中试的公共技术服务仪器设备等投入金额（万元）		大型科学仪器设备总数[①]（台）	

① 大型科学仪器设备指原值在20万元以上的仪器设备

续表

二、中试基地实施主体基本情况					
实施主体名称（全称）		申报主体类型	□企业 □高校院所 □第三方转化服务主体 □双创孵化载体 □其他		
其他联合实施单位	□否 □是（联合申报单位名称）				
中试基地负责人	姓　名		性　别		
	出生日期		职务/职称		
	最高学历/学位		毕业院校		
	联系电话		电子邮箱		
	现从事专业				
联系人		联系电话		手机	
E-mail		传真			
注册资金（万元）		成立时间			
近三年是否有环保处罚记录	□无 □有（何时由何机关作出何种处罚决定）				
近三年是否有生产安全责任事故	□无 □有（何时发生何事故，损失情况如何）				
是否有科技成果转化的相关经验	□无 □有（举例说明）				
是否有承担国家科技重大项目的相关经验	□无 □有（近五年承担何项目）				

续表

<table>
<tr><td rowspan="8">获得资质情况</td><td rowspan="4">国家级资质</td><td>认定时间</td><td>认定资质名称</td></tr>
<tr><td></td><td></td></tr>
<tr><td></td><td></td></tr>
<tr><td></td><td></td></tr>
<tr><td rowspan="4">省级资质</td><td>认定时间</td><td>认定资质名称</td></tr>
<tr><td></td><td></td></tr>
<tr><td></td><td></td></tr>
<tr><td></td><td></td></tr>
<tr><td colspan="4">三、开展中试服务情况</td></tr>
<tr><td>中试服务内容</td><td colspan="3">□创新成果熟化服务（请填写项目名称及合作单位）：
项目1：
项目2：
项目3：
□创新成果二次开发服务（请填写项目名称及合作单位）：
项目1：
项目2：
项目3：
□创新成果工程化服务（请填写项目名称及合作单位）：
项目1：
项目2：
项目3：
□创新成果工艺化服务（请填写项目名称及合作单位）：
项目1：
项目2：
项目3：
□其他（请填写服务类型、项目名称及合作单位）：
项目1：
项目2：
项目3：</td></tr>
</table>

续表

中试基地有无研发或技术合作单位	□无 □有（合作单位名称）

2017—2021年中试基地服务情况

年度	营业收入（万元）	其中：中试服务收入（万元）	年中试服务总量（次）	中试服务企业数量（家）	中试服务产品上市数量（种）
2017年					
2018年					
2019年					
2020年					
2021年					

参考文献

[1] CHARNES A, COOPER W W, RHODES E. Measuring the efficiency of decision making units [J]. European Journal of Operational Research, 1978, 3 (2): 429-444.

[2] BRIGNALL T J, FITZGERALD L, JOHNSTON R, et al.Product costing in service organizations [J]. Management Accounting Research, 1991, 2 (4): 227-248.

[3] KAPLAN R S, NORTON D P.Linking the balanced scorecard to strategy [J]. California Management Review, 1996, 39 (1): 53-79.

[4] KERSSENS-VAN DRONGELEN I C, COOKE A. Design principles for the the development of measurement system for research and development processes [J]. R&D Management, 1997, 27 (4): 345-357

[5] ROUSSEAU S, ROUSSEAU R.Data envelopment analysis as a tool for constructing scientometric [J]. Scientometrics, 1997,

40 (1): 45-56.

[6] NIXON B. Research and development performance measurement [J]. Management Accounting Research, 1998, 25 (3); 329-355.

[7] BROWN M G, SVENSON R A. Measuring R&D productivity [J]. Research-Technology Management, 1998, 41 (6): 30-35.

[8] KAPLAN R S,NORTON D. Transforming the balanced scorecard from performance measurement to strategic management [J]. Accounting Horizons, 2001, 13 (1): 87-104.

[9] NASIEROWSKI W, ARCELUS F J.Interrelationships among the elements of national innovation systems: a statistical evaluation [J]. European Journal of Operational Research, 1999 (119): 235-253.

[10] KFIR R.A framework process and tool for managing technology-based assets [J]. R&D M. anagement, 2000, 30 (4): 297-304.

[11] TONE K. A slacks-based measure of efficiency in data envelopment analysis [J]. European Journal of Operational Research, 2001, 130 (3): 498-509.

[12] FRIED H O, LOVELL C A K, SCHMIDT, et al.Accounting for environmental effects and statistical noise in data envelopment analysis [J]. Journal Envelopment of Productivity Analysis, 2002, 23 (1): 157-174.

[13] NASIEROWSKI W, ARCELUS F J.On the efficiency of national innovation systems [J]. Socio-economic Planning Sciences,

2003, 37 (3): 215-234.

[14] BEHN R D. Why measure performance? Different purposes require different measures [J]. Public Administration Review, 2003, 63 (5): 586-606.

[15] HALL B H, JAFFE A, TRAJTENBERG M. Market Value and Patent Citations [J]. The RAND Journal of Economics, 2005, 36 (1): 16-38.

[16] KING D A, The scientific impact of nations: What different countries get for their research spending [J]. Nature, 2004, 34 (11): 311-316.

[17] SOHN S Y, JOO Y G, HAN H K.Structural equation model for the evaluation of national funding on R&D project of SMEs in consideration with MBNOA criteria [J]. Evaluation and Program Planning, 2007, 30 (1): 10-20.

[18] WANG E C, HUANG W C.Relative efficiency of R&D activities: a cross-country study accounting for environmental factors in the DEA approach [J]. Research Policy, 2007, 36 (2): 260-273.

[19] JUNG U, SEO D W. An ANP approach for R&D project evaluation based on inter - dependencies between research objectives and evaluation criteria [J]. Decision Support Systems, 2010, 49 (3): 335-342.

[20] AZIZ N A A, JANOR R M, MAHADI R. Comparative departmental efficiency analysis within a university: a DEA approach [J]. Procedia-Social and Behavioral Sciences, 2013 (90): 540-548.

[21] WANG N，HAGEDOORN J.The lag structure of the relationship between patenting and internal R&D revisited [J]. Research Policy，2014，43 (8)：1275-1285.

[22] DREBELATTO D A N. The effects and time lags of R&D spillovers in Brazil [J]. Technology in Society，2016，47 (1)：148-155.

[23] YU M M，HSIAO B.Measuring the technology gap and logistics performance of individual countries by using a meta-DEA-AR model [J]. Maritime Policy & Management，2016，43 (1)：98-120.

[24] BRONZINI R，PISELLI P.The impact of R&D subsidies on firm innovation [J]. Research Policy，2016，45 (2)：442-457.

[25] AGASISTI T，BELFIELD C.Efficiency in the community college sector Stochastic frontier analysis [J]. Tertiary education and management，2017，36 (3)：237-259.

[26] GUPTA K，BANERJEE R，ONUR I.The effects of R&D and competition on firm value：international evidence [J]. International Review of Economics&Finance，2017，(36) 51：391-404.

[27] PARK S Y，JANG D.Analysis of national basic research system：the case of south Korea [J]. Asian Journal of Innovation and Policy，2017，6 (2)：152-169.

[28] DUAN S X. Measuring university efficiency：an application of data envelopment analysis and strategic group analysis to Australian universities [J]. BenchMarking: An International Journal，2019 (4)：1161-1173.

[29] OATES W E. Fiscal federalism [M]. New York：Harcourt

Brace Jovanovich, 1972: 235-254.

[30] ENIKOLOPOV R, ZHURAVSKAYA E. Decentralization and political institutions [J]. Journal of Public Economics, 2007, 91 (11): 2261-2290.

[31] HOTTENROTT H, REXHÄUSER S. Policy-induced environmental technology and inventive efforts: is there a crowding out? [J]. Industry and Innovation, 2015, 22 (5): 375-401.

[32] RAMANATHAN R, BLACK A, NATH P, et al. Impact of environmental regulations on innovation and performance in the UK industrial sector [J]. Management Decision, 2010, 48 (10): 1493-1513.

[33] WILLIAMS C C, MARTINEZ-PEREZ A, KEDIR A. Does bribery have a negative impact on firm performance? A firm-level analysis across 132 developing countries [J]. International Journal of Entrepreneurial Behavior & Research, 2016, 22 (3): 398-415.

[34] DE SIMONE, GAETA L, MOURÃO P R. The impact of fiscal transparency on corruption: An empirical analysis based on longitudinal data [J]. The BE Journal of Economic Analysis & Policy, 2017, 60 (2): 21-48.

[35] 胡笙煌. 主观指标评价的多层次灰色评价法 [J]. 系统工程理论与实践, 1996 (1): 12-20, 62.

[36] 张斌. 多目标系统决策的模糊集对分析方法 [J]. 系统工程理论与实践, 1997 (12): 109-115.

[37] 魏权龄. 数据包络分析 (DEA) [J]. 科学通报, 2000, 45 (17): 1793-1808.

[38] 王青云，饶扬德．企业技术创新绩效的层次灰色综合评判模型［J］．数量经济技术经济研究，2004（5）：55-62．

[39] 余振乾，余小方．地方财政科技支出绩效评价指标体系构建及其实施［J］．中国软科学，2005（4）：63-69．

[40] 孙旭．多项式分布滞后模型的共线性［J］．统计与决策，2006（14）：30-31．

[41] 徐春杰，李强．科技投入产出绩效评价模型研究［J］．科技进步与对策，2006（10）：125-128．

[42] 张渊，陆玉梅，梅强．多层次灰色评价法在科技计划项目绩效评估中的应用［J］．科技进步与对策，2006（6）：120-123．

[43] 茆英娥．地方财政应用科技项目专项支出绩效评价指标体系探析［J］．财政研究，2006（07）：67-69．

[44] 谢福泉，任浩，张军果．财政科技项目绩效评估：指标体系和方法［J］．科学学研究，2006（S1）：203-209．

[45] 于明政，易树平，刘飞．地方科技计划项目绩效评估指标体系研究［J］．科学咨询（决策管理），2007（12）：8-9,16．

[46] 谢虹．基于层次分析法的科技财政支出绩效评价研究［J］．中央财经大学学报，2007（4）：12-16．

[47] 何海云．青海省科技项目前评估及指标体系建立［J］．青海科技，2007（6）：72-74．

[48] 李爽．地市级财政科技投入项目立项评价研究［D］．石家庄：河北科技大学，2008．

[49] 钟会超．广西科技项目绩效考评体系建设研究［J］．学术论坛，2008（4）：102-105．

[50] 谢福泉．财政科技投入产出绩效评价指标的选择［J］．统计与信息论坛，2008（8）：15-21．

[51] 田盈，潘晓琳．基于加权主成分分析的企业技术创新绩效评价模型研究［J］．科技进步与对策，2008（3）：130-133.

[52] 李兴国，宁平．基于BP神经网络的省级自然科学基金项目评价模型研究［J］．科技进步与对策，2008（3）：144-146.

[53] 祝云．地方财政科技支出项目绩效评价研究［J］．软科学，2008（2）：49-53；60.

[54] 陈诗一，张军．中国地方政府财政支出效率研究：1978—2005［J］．中国社会科学，2008（4）：65-78，206.

[55] 俞立平，潘云涛，武夷山．基于DEA与BP神经网络的科技投入评价研究［J］．科技管理研究，2009（6）：143-146.

[56] 顾晓敏，陈哲颖．基于平衡计分卡的创新审计指标体系及其应用［J］．科技管理研究，2010（4）：60-62.

[57] 李宪奇．安徽省科技项目投入产出分析方法与绩效评价规范［J］．安徽科技，2011（2）：6-8.

[58] 李燕萍，许颖，吴绍棠．不同省域科研投入产出效率及其影响因素的实证研究［J］．经济管理，2011（2）：23-30.

[59] 卢方元，赵银虎．基于DEA的河南省R&D绩效研究［J］．地域研究与开发，2012（6）：40-43.

[60] 高宝森．内蒙古自治区财政科技项目支出绩效评价研究［J］．科学管理研究，2012（5）：101-104.

[61] 金怀玉，菅利荣．考虑滞后效应的我国区域科技创新效率及影响因素分析［J］．系统工程，2013（9）：98-106.

[62] 肖文，林高榜．政府支持、研发管理与技术创新效率——基于中国工业行业的实证分析［J］．管理世界，2014（4）：71-80

[63] 谢乔昕，宋良荣．中国式分权、经济影响力与研发投入［J］．科学学研究，2015（12）：1797－1804.

[64] 杨海生，才国伟，李泽槟.政策不连续性与财政效率损失：来自地方官员变更的经验证据［J］．管理世界，2015（12）：12-23；187.

[65] 曹贤忠，曾刚，邹琳．长三角城市群R&D资源投入产出效率分析及空间分异［J］．经济地理，2015（1）：104-111.

[66] 田时中，田淑英，钱海燕．财政科技支出项目绩效评价指标体系及方法［J］．科研管理，2015（S1）：365-370.

[67] 刘海兵，杨凡，陈工．中国省级地方政府财政支出效率研究：1978—2013［J］．海南大学学报（人文社会科学版），2016（3）：41-47.

[68] 李丹，裴育．财政透明度对财政资金配置效率的影响研究［J］．财经研究，2016（2）：40-49.

[69] 吴延兵．中国式分权下的偏向性投资［J］．经济研究，2017（6）：137-152.

[70] 李政，杨思莹．财政分权、政府创新偏好与区域创新效率［J］．管理世界，2018（12）：29-42.

[71] 余淑秀，卢山冰．FDI、R&D对中国汽车制造业技术创新能力的影响——加入滞后效应的考量［J］．科研管理，2018（11）：1-6.

[72] 董兴林，孙珍珍．青岛市科技投入与产出的时滞效应研究［J］．科技管理研究，2018（2）：30-31.

[73] 尚虎平．合理配置政治监督评估与“内控评估”的持续探索——中国40年政府绩效评估体制改革的反思与进路［J］．管理世界，2018（10）：105-117.

[74] 吴杨，蔡青．中国基础研究创新效率的区域差异性评估［J］．北京师范大学学报（社会科学版），2018（3）：57-68.

[75] 徐勇，关佳音．流通产业溢出效应与区域经济发展的关系——以京津冀地区为例［J］．商业经济研究，2019（14）：32-34.
[76] 杜晓凤．基于DEA-Mamlquist指数的湖北省地级市州政府绩效评估［D］．武汉：华中科技大学，2019.
[77] 刘盈．基于DEA-Tobit模型的云南省公共文化服务财政支出绩效评估研究［D］．南昌：江西财经大学，2019.
[78] 何郁冰，伍静．中国省域基础研究效率的空间分布及其影响因素——基于空间面板数据模型的实证研究［J］．研究与发展管理，2019（6）：126-138.
[79] 顾平，王嘉璇．基于Almon与SBM-BP的长江经济带基础研究绩效评估［J］．江苏科技大学学报（社会科学版），2020（04）：82-89.
[80] 张婧．基于因子分析与DEA模型的高校科研效率评价［J］．统计与决策，2015（2）：74-77.
[81] 孙湛，马海涛．基于BP神经网络的京津冀城市群可持续发展综合评价［J］．生态学报，2018（12）：4434-4444.
[82] 王东．"十二五"期间吉林省科技投入产出现状和效率分析［J］．科技管理研究．2018（17）：61-65.
[83] 薛婧，张梅青，王静宇．中国式财政分权与区域创新能力：基于R&D边际创新产出及要素市场扭曲的解释框架［J］．经济问题探索，2018（11）：152-162.
[84] 李政，杨思莹．财政分权、政府创新偏好与区域创新效率［J］．管理世界，2018（12）：29-42；110，193-194.
[85] 邓淑莲，曾军平，郑春荣，等．中国省级财政透明度评估（2017）［J］．上海财经大学学报，2018（3）：18-28.
[86] 储德银，左芯．财政公开的经济社会效应研究新进展［J］．经济

学动态，2019（5）：135-148.

［87］ 吴延兵. 财政分权促进技术创新吗？［J］. 当代经济科学，2019（3）：13-25.

［88］ 梁强. FDI、财政分权与区域技术创新［J］. 华东经济管理，2019（5）：43-49.

［89］ 胡丽娜. 财政分权、财政科技支出与区域创新能力：基于中国省级面板数据的实证研究［J］. 经济体制改革，2020（5）：149-155.

［90］ 蒋艳辉，王靖烨，王琳. 财政支出、居民消费与区域创新：基于省级面板的实证分析［J］. 工业技术经济，2020（11）：12-18.

［91］ 滕雅琼，黄可嘉，姜玲. "十二五"以来甘肃财政科技支出动态演进分析［J］. 甘肃科技，2020，36（4）：10-12.

［92］ 李洋洋. 甘肃省高校社会科学科研投入产出效率分析——基于因子分析和DEA模型［J］. 甘肃科技，2020（2）：94-97；68.

［93］ 徐超，庞雨蒙，刘迪. 地方财政压力与政府支出效率——基于所得税分享改革的准自然实验分析［J］. 经济研究，2020（6）：138-154.

［94］ 李建军，刘媛. 新《预算法》能够降低地方政府预决算偏离度吗？——来自四川省市州的证据［J］. 财政研究，2020（7）：39-52.

［95］ 上官泽明，牛富荣. 新《预算法》实施对地方财政透明度的影响——基于我国省级面板数据的分析［J］. 当代财经，2020（1）：27-36.

［96］ 刘蓉，熊阳，姜先登. 预算透明度提升对地方财政支出绩效的影响研究——来自合成控制法的新证据［J］. 当代财经，2020（5）：35-47.

[97] 孙玉栋，席毓．影响我国地方政府财政支出效率的因素研究——基于财政、晋升和发展压力的视角［J］．经济理论与经济管理，2021（6）：37-49.

[98] 俞立平．回归盲点下高校人文社科研究效率影响因素研究——基于BP人工神经网络的分析［J］．软科学，2021（11）：130-137.

[99] 张明媛，谷兰娟，王鹏程．财政科技支出绩效评价研究——以山东省为例［J］．财政监督，2021（17）：51-58.

[100] 陈亚平，王胜华．我国财政科技支出结构、效果与问题研究［J］．科学管理研究，2021，39（5）：140-149.

[101] 陈志军，余雪凤，张小芬．福建省财政科技支出效率评价及提升路径研究［J］．福州大学学报（哲学社会科学版），2021，35（5）：69-76.

[102] 黄杰，金华丽．中国绿色创新效率的区域差异及其动态演进［J］．统计与决策，2021（21）：67-71.

[103] 李森，彭田田．中国式财政分权对创新效率影响的中介效应分析［J］．宏观经济研究，2021（10）：5-17；74.

[104] 郭玲，汪洋．财政透明、预决算收入偏离与预算环境——基于2015年《预算法》的双重差分和合成控制分析［J］．当代财经，2021（2）：27-37.

[105] 莫龙炯，尹靖华．我国减税政策会影响地方财政支出效率吗［J］．当代财经，2022（12）：40-51.

[106] 黄立赫，石映昕．财政分权、资本错配与区域创新效率［J］．经济经纬，2022（5）：35-44.

[107] 易杏花，程亚男．财政分权影响区域创新效率的两阶段中介效应研究［J］．科技管理研究，2022（17）：87-99.

[108] 张红伟，熊操，陈小辉，等．财政科技投入对数字经济发展的影

响 [J]. 财经科学，2022 (5): 135-148.

[109] 蔡文伯，黄卢涛. 我国高校科技创新效率的时空格局及影响因素——基于网络SBM模型的评价 [J]. 教育科学探索，2022 (02): 15-23.

[110] 存林，龙珂良. 基于空间相关性与影响因素分析的科技创新效率评价——以长三角城市群为例 [J]. 广西社会科学，2022 (06): 138-147.

[111] 马茹，黄园淅. 区域科技人力资源测度及影响因素研究 [J]. 中国科技论坛，2022 (4): 109-119.

[112] 姚东旻，赵江威，高秋男，等. 我国省级政府预算支出模式的动态演进与转化动力——一个类型学分析 [J]. 社会学评论，2022 (4): 131-150.

[113] 张良勇，董冰，李宣珈. 我国农村基础设施投资效率测度与评价：基于三阶段DEA-Malmquist指数模型统计理论与实践 [J]. 2023 (7): 38-40.

[114] 曹正旭，张樨樨，范一品，等. 工业企业绿色创新效率测度及空间溢出效应分析 [J]. 统计与决策，2023 (16): 116-120.

[115] 武元浩，巴雅尔满来，张文春. 我国"一流大学"建设高校科研创新效率测度及影响因素分析——基于三阶段DEA模型的实证研究 [J]. 中国人民大学教育学刊，2023 (3): 128-144.

[116] 王保林，户艳领，李依弯. 京津冀城市群绿色创新效率测度及空间效应研究 [J]. 河北经贸大学学报，2023 (2): 88-99.

[117] 梅霞，杨柠泽. 财政支出效率提升了居民主观幸福感吗？——基于财政支出结构优化和相对剥夺感的视角 [J]. 云南财经大学学报，2023 (5): 97-110.

[118] 李丽琴. 财政分权对绿色技术创新效率影响的"本地—邻地"效

应——基于我国30个省份2009—2019年面板数据的实证分析［J］. 行政论坛，2023（3）：159-166.

［119］邵慰，金泽斌，陈子琦. 环境规制对区域生态效率的空间效应研究：基于财政分权的调节作用［J］. 财经论丛，2023（6）：103-112.

［120］莫龙炯，张小鹿. 政府预算法治化、财政透明度与地方财政效率——基于新《预算法》实施的证据［J］. 当代财经，2023（5）：39-51.

［121］成刚. 数据包络分析方法与MaxDEA软件［M］. 北京：知识产权出版社，2014.

索引

后记

科教兴，则国兴；人才强，则国强。纵观世界科技发展潮流，近代科技强国的崛起，颠覆性、原创性技术的突破，除了市场力量的推动外，更主要的是得益于政府的高度重视和对基础研究的巨额财政投入。持续、稳定的财政投入，是落实科教兴国战略、人才强国战略、创新驱动发展战略的物质保障和动力源泉。笔者长期从事公共经济的教学与科研工作，受“李约瑟之谜”的启发，一直在思考一个问题：随着第四次工业革命的来临，近些年来，西方原创性、颠覆性的科技成果为何不断涌现，而我国从改革开放以来，每年在科学研究方面都投入了巨额的财政资金，科技人员总体规模也比较庞大，但是，为什么原创性、颠覆性的科技成果却寥寥无几？要科学回答这一宏大学术问题，需要从多学科、多维度展开全方位研究，仅靠本拙作难以给出令人十分满意的答案。湖北省是全国的教育大省与科技大省，基于以上问题的思考，本书以湖北省为例，从财政性科研投入效率的角度展开分析，试图为上文提出的问题找到一些答案。由于受时间及笔者能力的局限，本书仅从财政性科研投入效率测度的角度分析，难以给出完全十分合理的解释。本书是工作中长期思索的一个结果，相关的很多学术问题，还需继续深入思考，当然文责自负，文中存在的不足，请批评指正。

在本书的撰写过程中，笔者与同事刘渝博士、王娟博士、蒋军成博士、石梦菊博士、闫华飞博士、冯兵博士等展开了探讨，受益匪浅，没有他们的帮助，难以最终形成书稿。笔者的研究生王梦迪、王婷婷、冯燕做了大量的资料搜集整理工作，并提出了很有价值的建议。对于上面提到的以及因各种原因没有提到的各位同仁、朋友的帮助，在此一并致谢。本书是笔者特立独言的结果，其中的错误与不足，绝不会因帮者众多而减少，更不会因耗时漫长而消失。因此，恳请各位前辈、同行不吝赐教。

黄万华

2023年10月28日于南湖畔